2019 年度国家社科基金冷门"绝学"和国别史等研究专项"近代中国德文报刊文学史料发掘、整理与研究"(项目号：19VJX102）的阶段性成果

卢铭君

—— 著

启蒙、趣味和民族

——《德文月刊》研究

人民出版社

# 目录

Contents

## 第三章 德语文学东传

## 第四章 东学德渐

## 第五章 世界与民族

## 第六章 语言习得与广告

# 附　录

# 绪　论

## 第一节　近代语境中的《德文月刊》

中国现代化的报刊肇始于晚清，由西洋传教士始创，有史可考的第一份由外人所办的中文报刊为英国传教士马礼逊（Robert Morrison，1782—1834）和米怜（William Milne，1785—1822）于清嘉庆二十年（1815）在马六甲创发的《察世俗每月统记传》。自此至19世纪末，外人中外文报业在数量上主导了中国报业史，成为中国新闻史上的独特现象。①

德人在华报业史也发端于传教士的文化活动。郭实腊②（Karl Friedrich August Gutzlaff，1803—1851）于道光十三年（1833）在广东创办中文月刊《东西洋考每月统记传》。这也是中国境内第一份现代意义上的报刊。然而德人所办德文报刊晚了逾半个世纪。光绪十二年（1886），第一份在中国出版的《德文新报》（*Der Ostasiatische Lloyd*）始创。这也标志着近代中国德文报刊史由此发端。光绪二十三年（1897），德国强占胶州湾，随后在青岛办了数种报刊，掀起了德文报业史上的一个小高潮。纵览青岛德文报刊，如《青岛官报》（*Amtsblatt für das Deutsche*

---

①　参见方汉奇：《中国近代报刊史》上册，山西教育出版社2012年版，第12—13页。

②　郭实腊有数种汉译名称，详见［新加坡］卓南生：《中国近代报业发展史1815—1874》，中国社会科学出版社2015年版，第44页。

*Kiautschou-Gebiet* )，不乏带有殖民色彩。

而在近代德文报业中，民国时期创刊的《德文月刊》（ *Deutsche Monatsschrift* ）特点鲜明，虽然创办时定位为中德双语学习刊物，然而其形式之巧妙、内容之精良以及中德交通之基调一扫笼罩在早期德文报刊之上的殖民阴霾，成为影响广泛的文化刊物。

《德文月刊》于民国十三年（1924）由同济大学中学部创办。同济大学与德国渊源深远。光绪三十三年（1907），德国医生埃里希·宝隆（Erich Paulun，1862—1909）等人在中德两国政府和社会各界支持下创办"上海德文医学堂"，翌年改名为"同济德文医学堂"。民国元年（1912），同济德文医学堂与工学堂合并后改名为同济德文医工学堂，设有医、工和德文三科。德文科几经辗转改为附设中学部，俗称同济大学中学部。民国六年（1917），同济德文医工学堂改名同济医工学校，发展至民国十二年四月（1923年4月），奉教育部的指令，更名为"同济大学"。换言之，民国十三年（1924）是同济获得"大学"身份的时间节点。也就是说，创刊并非偶然，而是发生于同济大学大展拳脚、学科建设万事待兴之时。

《德文月刊》共发行三卷。就栏目而言，三卷设置大同小异，但细微之处又存差异。第一卷对政治并无多加涉猎，创刊主编更多的是用文学、文化搭建学术殿堂；第二卷开始设立"时事新闻"栏目，将中国与世界联动起来，让人感受到近旁的呐喊与远方的呼唤。

启蒙、趣味和民族构成《德文月刊》在思想和内容上最为突出的特点。毋庸讳言，中国的近代语境赋予了《德文月刊》第一种突出的特质，即文化启蒙的思想意义。19世纪末，中国加速推进西学东渐，西方的知识与思想在新式学堂、新的传媒等的加持下，"以前所未有的速度传播"[1]，助力中国思想启蒙。报刊作为中国近代"启蒙运动的号角"[2]，在上海、广州和北京等地吹响，将越来越多的知识分子卷入这场由西向东的知识环流。知识传播的目的在《德文月刊》创刊旨意中便非常明显：近期目标是为学子们准备语言工具，掌握通往德国学术殿堂的"门径"；更远大的目标在于间接地"促进近世中国学术之发达"[3]。

启蒙是其目的，趣味是其辅将。办报本身也与趣味相关。20世纪初，一股启蒙思想暗流已在酝酿之中。学生办报并非罕事。傅斯年谈到求学年代创办《新潮》时说："……学生必须有自动的生活，办有组织的事件，然后所学所想，不至枉费了；而且杂志是最有趣味、于学业有补助的事，最有益的自动生活。"[4]他还强调："学生应该办几种杂志。"[5]《德文月刊》也正是缘起于这种自觉的办报意识。民国十二年（1923），同济大学中学部"几个学生的代表"[6]筹划办一份学习杂志，并寻找"学识渊博""办事热心"[7]的

① 葛兆光：《中国思想史》第2卷，复旦大学出版社2010年版，第541页。
② 秦绍德：《上海近代报刊史论》，复旦大学出版社2014年版，第2页。
③ 同济大学中学部德文月刊社：《发刊宣言》，《德文月刊》第1卷第1期，第2页。因第二章第二节详列各期详细出版时间，因此脚注文献信息涉《德文月刊》各期时间不再赘述。下同。
④ 傅斯年：《傅斯年自述》，文明国编，安徽文艺出版社2014年版，第8页。
⑤ 傅斯年：《傅斯年自述》，第8页。
⑥ 同济大学中学部德文月刊社：《发刊宣言》，第1页。
⑦ 德文月刊社：《德文月刊之过去与未来》，载《国立同济大学二十周年纪念册》，1928年，第269页。欧特曼的学生魏以新便位列学生代表之中。据参与筹办上海革命历史博物馆的陈绍康回忆，魏以新于民国十三年一月（1924年1月）"和同学创发《德文月刊》，请欧特曼教授当主编，自己也翻译一些短文"。参见陈绍康：《魏以新二三事》，载陆米强编：《陈绍康中共党史研究文集》，上海古籍出版社2007年版，第262页。

主编，恳请欧特曼教授（Wilhelm Othmer，1882—1934）披挂上阵，并得到允诺。

趣味不仅是学生办报的旨趣之一，也是知识启蒙路径之一。郑振铎曾将"'趣味'的涵养"与"'知识'的涵养"①相提并论。从选篇来看，《德文月刊》既有严肃文学，又挑选了在数量上能与之旗鼓相当的趣味文学，其中的童话、饶有趣味的俗文学、讽刺文学、滑稽文学等都着眼于寓教于乐。特别是童话，在20世纪20年代深受文人重视，周作人评曰："童话之用，见于教育者。"②童话在启智的同时，带来语言学习的乐趣，正符合郑振铎提出的"知识"的涵养与"趣味"的涵养并重的观点，且人们要用"有趣味的叙述方法"③来进行知识叙述。

近代语境注定了民族觉醒和民族意识也渗透进《德文月刊》中，成为其挥之不去的底色。刊物的学生编辑及其读者大多受到新文化运动的熏染。作为这场运动的引领者，陈独秀于1918年在《欧战后东洋民族之觉悟与要求》中对东洋民族提出两种要求：对外呼吁"人类平等主义"，"要欧美人抛弃从来歧视颜色人种的偏见"；对内呼吁"抛弃军国主义"，"不许军阀把持政权"④。一言以蔽之，陈独秀要求反帝反封建。这些诉求后来成为五四运动政治纲领的先声，它们不仅见于《德文月刊》中孙中山遗嘱的德译，也出现在政治新闻中。

---

① 郑振铎：《〈儿童世界〉第三卷的本志》，转引自王泉根编著：《民国儿童文学文论辑评》（上），希望出版社2016年版，第64页。
② 周作人：《周作人散文全集1 1898—1917》，广西师范大学出版社2009年版，第264页。
③ 郑振铎：《〈儿童世界〉第三卷的本志》，第64页。
④ 陈独秀：《陈独秀文章选编》，生活·读书·新知三联书店1984年版，第307—308页。

## 第二节　中德文化交通论

### 一、“欧洲中心论”的突破

“欧洲中心论”是欧洲近代以来的一种思维方式和解释世界的角度。美国历史学家马立博（Robert B. Marks）在《现代世界的起源》（*The Origins of the Modern World*）中提供了学界的一种解读：

> 欧洲中心论世界观把欧洲视为世界历史的唯一主动创造者，或者称之为世界历史的“本源”。欧洲动，则世界动；欧洲具有“能动性”，而其他只能从动；欧洲创造历史，而其他地区在接触欧洲之前没有自己的历史；欧洲是中心，而其他地区是边缘；只有欧洲人能够首创社会变革或现代化，而他人则不能。[①]

这一论断描画了一种欧洲自恃世界中心的观念，潜意识中暗含一种优越感。这种观念在近代欧洲哲思中已有萌蘖。德国哲学家黑格尔（Georg Wilhelm Friedrich Hegel, 1770—1831）在《历史哲学》（*Philosophie der Weltgeschichte*）中虽然承认东方悠久的历史，但认为东方只构成“历史的幼年时期”，即不成熟的状态，而日耳曼世界是“老年时代”，代表“完满的成熟和力量”[②]。对

---

[①]　［美］马立博：《现代世界的起源——全球的、环境的述说，15—21世纪》，夏继果译，商务印书馆 2018 年版，第 12 页。

[②]　［德］黑格尔：《历史哲学》，三造时译，上海世纪出版集团 2006 年版，第 97、100 页。

中国，黑格尔的言语之间不乏偏见：中国是"一个不含诗意的帝国"；"凡是属于'精神'的一切"，都离中国人很远。[①]

在华德文报刊受限于受众，发行量不及英日文报刊，不为国人所知，给人一种闭塞之感，让人误以为德文报刊更多关注德语文化自身，秉持"欧洲中心主义"的倾向。中国早期著名新闻工作者赵敏恒在《外人在华新闻事业》（1931）中认为，德文报刊发行量"出奇地小"，刊发的稿件"几乎从未"引起注意，故"在中国的地位并不重要"[②]。这一断言几乎全盘否定了近代德文报刊的价值。事实上，不少德文报刊有其独到之处，而且部分报刊销量并不是赵敏恒认定的那么小。

在众多德文报刊中，《德文月刊》是中德文化互鉴的平台之一。它用同页原文与译文对照的形式，清晰地呈现德汉互译的成果，在促进中德文化交流方面扮演了重要的角色。此外，《德文月刊》是德国汉学家的聚集地，不仅有卫礼贤（Richard Wilhelm, 1873—1930）为之供稿，也见有卫德明（Hellmut Wilhelm, 1905-1990）、福兰阁（Otto Franke, 1863—1946）、洪涛生（Vincenz Hundhausen, 1878—1955）等汉学家的稿件，还是创刊主编欧特曼的一片自留地。

对于欧特曼、卫礼贤等人而言，中华经典《论语》《孟子》《今古奇观》《聊斋志异》等寄托了这代汉学家的学术理想，蕴含他们对古典中国的向往；而歌德（Johann Wolfgang von Goethe, 1749—1832）、席勒（Friedrich Schiller, 1759—1805）等德国名家的作品除了能熏陶学子之外，也能一解德侨的乡愁。中德文化互鉴意味着

---

① ［德］黑格尔：《历史哲学》，第 97、128 页。
② 赵敏恒：《外人在华新闻事业》，王海等译，暨南大学出版社 2011 年版，第 82 页。

将近代落后的中国置放于平等对话的地位。因此,《德文月刊》借助这些汉学家的言论,突破了"欧洲中心论"的局囿,这非常难得。

　　而这种突破体现在两点。第一,德国汉学家面对中国的历史和现状,并无潜藏的西方优越感,而是从平等的角度探讨中西交通,甚至指陈欧洲现代化的弊病,认为中国有能力避免重蹈覆辙。第二,该刊不仅刊登德国人的论述,也刊登中国人的言论,在德语语言习得和文化传授的背景下,增添了中国视角。

## 二、欧特曼论中国

　　欧特曼来华之际,正是中国近代转型的关键期,晚清局势风谲云诡,暗潮涌动。葛兆光在《中国思想史》中指出,光绪二十一年(1895),清政府在中日甲午战争败北,朝野上下莫不震惊:泱泱大国竟然输给"虾夷之国"日本。中国人"从容和自信的心理崩溃"[①],对传统突然信心全无,加速否定传统,"废弃传统旧学"转而追求西洋新知。[②]一时之间,对西学莫衷一是,顽固派"拒斥西学",改良派倡导"中学为内学,西学为外学,中学治身心,西学应世事"[③],激进派认为该"全盘西化"。[④]而部分西方教会势力反对"中学为体、西学为用",诋毁孔子,妄图以基督教取代儒教,奴化中国。[⑤]对此,卫礼贤曾一针见血地指出:

---

　　① 葛兆光:《中国思想史》第 2 卷,第 545 页。
　　② 葛兆光:《中国思想史》第 2 卷,第 540 页。
　　③ 张之洞:《劝学篇》,上海书店出版社 2002 年版,第 71 页。
　　④ 李泽厚总结三种对待西学的态度:一是以张之洞为代表的"中体西用";二是谭嗣同引领的激进的"全盘西化";三是以康有为代表的渐变式"西体中用"。但并非无争议。参见李泽厚:《中国现代思想史论》,生活·读书·新知三联书店 2008 年版,第 333—365 页。
　　⑤ 如代表人物谢卫楼(Davelle Z. Sheffield,1841—1913),参见陈景磐:《中国近代教育史》,人民教育出版社 2003 年版,第 298—299 页。

欧洲人正在和中国人玩弄愚蠢的允诺游戏。事实上中国人依然像次等的黑人那样被对待。因为不择手段地激起欧洲以外的国家对欧洲文明的渴求是欧洲人的根本心态。但其目的仅是为了获得更大的市场。[①]

20 世纪初，德国仍为帝制，实施殖民扩张的世界政策，据青岛为殖民地。卫礼贤以传教士身份来华，曾在青岛开设书院，崇尚中国古典文化。欧特曼虽为官方派遣，但其中国观与卫礼贤如出一辙，丝毫不受德国军事扩张的影响。欧特曼身在中国，摒弃西方文明优越感，并认为，为人类社会进步创造了重要价值的伟大文明屈指可数，"在西方为欧洲文化……在东方为东亚文化，大要为华人所创造"。[②] 此言认为在西方，可称得上"伟大"的是古希腊罗马文化，可与之比肩的东方文化是东亚文化，而中国文化为东亚文化之首，肯定了中国文化的历史地位；美国虽然一跃成为西方经济的领军者，但无悠久的历史，故只被视为欧洲文化中"最幼之支派"。[③] 在国人陷入自我否定、引入西学的历史语境下，这番言论大可以中华辉煌的传统来增强中华民族自信。

至于东西方文化的沟通，欧特曼用隐喻的手法写出古代东西方的隔阂："……东西两精神界之山岳形胜间，竟有峻漠横呈，一贯千里。"因此，近代以前东西方之间"仅有断续不定之游移结合，间或发见"[④]，深入的沟通乃近代事宜。18 世纪，欧洲浸淫于

---

① [德]卫礼贤:《中国心灵》, 王宇洁、罗敏、朱晋平译, 国际文化出版公司 1998 年版, 第 334 页。

② [德]欧特曼:《中国人能如何利用欧洲文化？》, 郭德猷译,《德文月刊》第 1 卷第 1 期, 第 3 页。

③ [德]欧特曼:《中国人能如何利用欧洲文化？》, 第 3—4 页。

④ [德]欧特曼:《中国人能如何利用欧洲文化？》, 第 6 页。

启蒙文化氛围，但对中国的认识仅停留在"细巧器物"之上，对中国艺术感到"惊异"，伏尔泰、腓特烈大帝"愿于中国史迹及其特异之文化，加以研究"①。到了19世纪，"欧亚交通大开"，中西文化沟通因此有了飞跃："不但外邦人士穷年竭力以探讨东方文化之内容，即西欧文化之影响于东亚精神生活之诸部分者，亦渐可历辨。"②换言之，中西沟通并非由"西学东渐"主宰，并行的还有"东风西传"。

虽然欧特曼赞成中国从西方取长补短，但否定"全盘西化"，认为一如"尽弃其固有之文化"，抛弃文字，"使用拉丁文字"的道路"终必失败无疑"。他紧接着试图由己及人，晓之以理。众所周知，德国经过两次工业革命，在20世纪初经济总量一跃超过英国，成为欧洲第一，但第二帝国的军国主义将德国拖入第一次世界大战的深渊。民国七年十一月（1918年11月），皇帝退位，君主制结束，魏玛共和国成立，德国重新进入快速发展的阶段，虽渐入经济繁荣之境，但乃背负战败国的包袱。欧特曼虽未展开论述，但认为德国"陷于最深之地位"，尽管如此，民族自主自立至关重要，德人也不会废弃"固有之繁难之英文，并举其精神生活，附丽于昂格尔撒克逊族"③。欧特曼对毫无保留移用西学的做法发出警告：

> 况于中国人，欲其立时为美洲化，其可得乎？使其服西人之服则可，令其一蹴即归于一名虽富丽而实则属于异族之文化范围中，乃至梦梦然堕入毫无实利之半文

---

① ［德］欧特曼：《中国人能如何利用欧洲文化？》，第7页。
② ［德］欧特曼：《中国人能如何利用欧洲文化？》，第7页。
③ ［德］欧特曼：《中国人能如何利用欧洲文化？》，第8页。

化状态下，则不可也。①

所谓"美洲化"（amerikanisieren）即现今所说的"美国化"。欧特曼在此提及美国化为例说明西化的危险。譬如，20 世纪初中国教育体制大有美国化的趋势，美国教育家杜威（John Dewey, 1859—1952）和孟禄（Paul Monroe, 1869—1947）访华，在两人的影响下，中国进行了学制改革，新学制的设置整体上仿效美国的实用主义模式。② 欧特曼反对一个民族在精神上自我殖民化，驳斥中国脱华入西的观点，认为中国放弃本国文化、全盘西化，是不可取的，最终会陷入不中不洋的"半文化"状态。

欧特曼预见了中国的精神危机，中国在"师夷长技以制夷"的过程中逐渐利用欧洲的技术，推进工业化。这种现代化在他看来裹挟着危险，表面生机勃勃，实则危机四伏。这缘起于欧洲现代化先天的不足，他从中国和古希腊自然观的共通之处谈起："乃以自然为一种固定物，与人相值，则人受取之，或惊讶之，或畏惧之，此外则人始终视其为一种不得亲近之物。"③ 中国人和希腊人将自然视为与人同等的物体，对自然有一种敬畏感。而欧洲近代人完全抛弃这一古希腊传统，对自然完全丧失了敬畏之心：

> 近时之在欧洲，则不但将人类自己已作成自然之一份，不但观察研究而侵入有生无生之自然界，抑且利用天然力，而强为执掌之，思有以利用之，于可能范围以

---

① ［德］欧特曼：《中国人能如何利用欧洲文化？》，第 8 页。
② 参见王立诚：《美国文化渗透与近代中国教育——沪江大学的历史》，复旦大学出版社 2001 年版，第 130—131 页。
③ ［德］欧特曼：《中国人能如何利用欧洲文化？》，第 8—9 页。

内，思有以制服之焉，至其初则彼自己亦未之信未之闻
也。所有近世之实业之工业，无不由此发端者……①

近代欧洲工业之发达以自然为代价，欧洲人以征服之心取代
畏惧之心，人利用自然、奴役自然，如同歌德笔下的浮士德与魔
鬼做交易，返老还童，换取一时的快乐，并不会得到终极的幸福，
最终自食其果。中国虽大举引入欧美工业，但这未能消除忧患根
源，反而徒生了工业化带来的弊端，而欧洲人"未能先事预防"
之事，中国人该用"多方之处置与机谋"②来加以防范。欧特曼得
出结论：一味地"输入最新之工业"③不能带来文化的繁荣。他认
为，"欲真正之文化的孕胎得实现于中国"④，中国人要西学为用，
以欧洲文化为工具，甄别辨析，去其糟粕，加以利用，而非简单
移植。

此外，他特意提到梁启超、胡适二人的著述以及《辞源》。笔
者认为，欧特曼推崇这三者，应是看重其启蒙功效。梁启超援西
入华，利用新媒体如报刊等开拓国人视野，第一次世界大战后游
历欧洲，并撰写了《欧游心影录》，反思欧洲现代化的流弊，批判
了科学万能论；胡适旦然提出激进的"全盘西化"，但从其学术成
果（如《中国哲学史大纲》）来看，实则倡导用西洋方式重新审视
中国文化；《辞源》系中国第一部大规模辞典，包罗万象，这让人
想起欧洲启蒙运动时期辞典盛行的盛况，辞典兼具知识性和工具
性，可启发民智，因此成为启蒙的一大手段。欧特曼认为这些都

---

① ［德］欧特曼：《中国人能如何利用欧洲文化？》，第9页。
② ［德］欧特曼：《中国人能如何利用欧洲文化？》，第9页。
③ ［德］欧特曼：《中国人能如何利用欧洲文化？》，第9页。
④ "真正之文化的胚胎"的德文原文为："eine wirkliche kulturelle Befruchtung"，意
为"一种真正的文化繁荣"。参见欧特曼：《中国人能如何利用欧洲文化？》，第9页。

是中国人在精神层面上"应用西欧方法"① 获取的硕果。

毋庸置疑，一份刊物的选稿承载着主编的学术理想与现实抱负，这与其教育背景、在华经历和观念有关。因此，作为主编，欧特曼的态度决定了《德文月刊》不会单方面灌输外国文化，而是以平等的态度对待中德文化，尊重经典，传播古典文化，同时也不忽视新文化。

### 三、福兰阁论西方的中国观之演变

德国外交官、汉学家福兰阁曾勾勒西方对中国文化接受的曲折变化。福兰阁汉学成果丰富②，培养出卫德明、颜复礼（Fritz Jäger, 1886—1957）等年青一代汉学家。其文章《西洋人对于中国文化观念的变迁》（*Wandlungen in den abendländischen Anschauungen von der chinesischen Kulturwelt*）被译为汉语，刊于《德文月刊》第三卷第五期。福兰阁在文中精辟地总结了西方中国文化观的嬗变，见解深刻，但此文鲜见分析，故特在此介绍。③

根据福兰阁的论述，西方中国观的演变可分为以下五个阶段：

第一阶段，想象的中国。在基督前的时代，欧洲对遥远的国度出现"塞勒斯"（意为"制丝的人民"）的称呼，但只知其名不知其实，未能形成系统的观念，只有与此称呼相关的暗示：那方水

---

① ［德］欧特曼：《中国人能如何利用欧洲文化？》，第9页。

② 福兰阁论中国可参见黄怡容：《德国汉学家福兰阁论中国》，中国社会科学出版社2017年版。

③ 值得一提的是，福兰阁原载于民国二十五年十二月（1936年12月）德国重要汉学期刊《东亚杂志》（*Ostasiatische Zeitschrift*），于民国二十六年一月（1937年1月）被《德文月刊》转载并翻译。德文文章在《德文月刊》并非首刊，但汉译却应为首译和首刊。

土的人民"有着和平和爱正义的精神"①。这是早期西方对中国的模糊印象。

第二阶段,亲历中国。13 世纪末,马可·波罗(Marco Polo, 1254—1324)的东方旅行及其记述,使中国被欧洲人知晓。在福兰阁眼中,马可·波罗"真实地叙述大忽必烈汗国及精致的宋朝文化"②,但在当时未受到重视,反而以中国为点缀的、迎合盛行品味的、"荒唐无稽"的"冒险文学"甚嚣尘上③。

第三阶段,理想化的中国。在这一阶段,西方人的中国观发生转变,而导致这种转变的原因在于航海业的发达和传教士的亲身经历。十五六世纪,西班牙和葡萄牙在航海业的成功使欧洲人对中国的认识上了一个台阶,出现"塞勒斯""西奈""契丹""中华"等能指不同、所指相同的称呼,意指中国。耶稣会传教士于明万历十一年(1583)在华"立定基础",再度"发现"这个"谜般"的国度,为了宗教和政治目的,将中国描写成"一个丝毫无缺点的理想国",这种观念影响至方方面面。于是西洋世界的精英,如莱布尼茨(Gottfried Wilhelm Leibniz, 1646—1716)将中国视为"被怨恨和仇慊所蹂躏的西洋的一个模范"④。

第四阶段,被丑化的中国。从 18 世纪末起,欧洲人的中国观发生颠覆。由于欧洲资本的世界扩张在中国碰壁,因此中国被视为"劣性多于优性的民族"。对东方的"惊异"转变为"轻视"和"慊厌",加上"世界观的冲突",19 世纪中叶中外爆发战争,

---

① 〔德〕福兰阁:《西洋人对于中国文化观念的变迁》,润畲译,《德文月刊》第 3 卷第 5 期,第 135 页。
② 〔德〕福兰阁:《西洋人对于中国文化观念的变迁》,第 136 页。
③ 〔德〕福兰阁:《西洋人对于中国文化观念的变迁》,第 135 页。
④ 〔德〕福兰阁:《西洋人对于中国文化观念的变迁》,第 136 页。

最终以"片而不公的条约"收场。到了19世纪末，中国被简化为"经济的矿源""没有将来的政治组织"① 的国家。

第五阶段，正在进行的、科学的中国认识。20世纪初，随着中国政局的剧变，特别是中华民国的成立，仍是"半开放"的中国现在完全开放了。而福兰阁期盼西方用科学作为"桥梁"，远离"荒唐的幻想""狂热的崇拜"和"无理由的诅咒"，认识中国的"真实"②。

发表此文之时，福兰阁已从柏林弗里德里希—威廉大学的教职上荣休。③ 此文可谓福兰阁在这一领域的知识浓缩。

## 四、东西方危机论

奥托·莱茵瓦尔德博士④（Otto Rheinwald，1902—?）于民国二十三年（1934）至二十六年（1937）在同济大学任教，为了破除"中文著作鲜少译成德文"的看法，从中西文化互鉴的视角出发整理了汉译德作品书目，对于研究中国文化德译有参考价值。

莱茵瓦尔德认为，德国所做的用德语在世界之间"搭建桥梁"的工作，"比任何一国还多"⑤，如早在18世纪，赫尔德（文中为黑尔德，Johann Gottfried Herder，1744—1803）便放眼世界，将各国民歌整理出版。而歌德（文中为哥德）提出"世界文学"理念，通过"翻译和仿作、书籍评论和私人与外国作家的往来"，

---

① ［德］福兰阁:《西洋人对于中国文化观念的变迁》，第137页。
② ［德］福兰阁:《西洋人对于中国文化观念的变迁》，第138页。
③ 福兰阁对中国的回忆可见［德］福兰阁:《两个世界的回忆——个人生命的旁白》，傅復生编，欧阳甦译，社会科学文献出版社2014年版。
④ 又译为雷英瓦特，民国十四年（1925）在蒂宾根大学获得博士学位，民国二十六年（1937）回国后在符腾堡任教。参见李乐曾:《德国对华政策中的同济大学（1907—1941）》，同济大学出版社2007年版，第298页。
⑤ ［德］莱茵瓦尔德:《什么译成了德文》，《德文月刊》第3卷第6期，第167页。

"在小小的魏麻（今译魏玛）城中"，形成了"一个著述世界的中心"①。莱茵瓦尔德进而阐述歌德与中国的关系：歌德也将目光投向遥远的、"有童话气味的"中国，而歌德创作格言汇集《中德四季》(Chinesisch-deutsche Jahreszeiten)，其精神与"中国哲学家的精神""互相表里"②。

莱茵瓦尔德认为，东西方处于动态变化之中，这影响到两个世界沟通的姿态和方式。19世纪末，中国和西欧两种文化都面临危机，进入了需要"外来刺激"③的阶段。

一方面，中国"在政治、经济和精神方面都僵化了，对于它的磅礴而睡眠着的或是已经在发酵的力，找不到一个适当的形式"④，因此陷入危机。西学带来的新理念，如"自由而负责的个人观念、生死之所系的民族观念、新的经济的体式，尤其是自然科学和以此为根据的对于自然力的主宰"，从根本上"摇动"⑤了中国。中国求变，而西学正好提供一种可能的"逃生口"，因此引发西学翻译潮和接受潮。

另一方面，西方在科学发明上虽硕果累累，但在"人生意义"这样"原始的问题"上处于空虚状态，即使这种空虚被"机器的闹声"⑥，即工业化的尘嚣几近掩盖。第一次世界大战促使欧洲人

---

① ［德］莱茵瓦尔德：《什么译成了德文》，第167页。
② 有意思的是，莱茵瓦尔德认为，在歌德时代，"关于中国的知识还是太微小，同时接触的机会也太少，以至于不能有翻译作品出现"。看来，莱茵瓦尔德将诸如歌德译《百美新咏》四首诗等作品归入仿作行列。参见［德］莱茵瓦尔德：《什么译成了德文》，第167页。
③ ［德］莱茵瓦尔德：《什么译成了德文》，第168页。
④ ［德］莱茵瓦尔德：《什么译成了德文》，第168页。
⑤ ［德］莱茵瓦尔德：《什么译成了德文》，第168页。
⑥ ［德］莱茵瓦尔德：《什么译成了德文》，第168页。

反思，这场战争"为大众所称赞的个人自由"的劣势揭橥于世：它将"固有的人类的联系：家庭、教堂、国家、阶级等松懈"，而这些联系原本是"幸福和创造"[①]所需要的。因此，西方也在求变，将目光转向东方。因此，从中国文化领域中，西方首先接受的是古典哲学，其次是"表现生活感触的诗歌"，再次是"为人们所纯粹认为艺术品成谈话珍料的小说"，从次为"包含民族的智慧和幻想"的"童话和格言"[②]，最后才是政治、历史和传记等。

从第三卷第七期至第九期，莱茵瓦尔德根据"哲学与宗教""诗歌及戏剧""故事及小说""其他著作"四大类整理了书目（具体见附录）。"哲学与宗教"类书目共 16 条，大部分为 20 世纪二三十年代译成德语的作品；"诗歌及戏剧"类书目共 13 条，搜罗了卫礼贤、洪涛生、弗兰茨·库恩（文中为佛郎士·苦恩，Franz Kuhn，1884—1961）等人翻译的作品；"故事及小说"类书目共 15 条，搜集了《金瓶梅》《水浒传》《玉娇梨》《今古奇观》等德译书目；"其他著作"类书目共 13 条，整理了欧特曼、卫礼贤等人翻译的作品目录，涉及《李鸿章》《徐达将军传》《陆机：文选》等作品。这份书目不仅辑录了不少汉译德作品书目，而且更重要的是，将中国文化拉进中德文化交流的核心视野，让我们观察到中国作品传入德国的历史轨迹。

## 五、中德民族接近论

20 世纪 20 年代，中德两国关系从德国的殖民扩张逐步转变

---

① ［德］莱茵瓦尔德：《什么译成了德文》，第 169 页。
② ［德］莱茵瓦尔德：《什么译成了德文》，第 169 页。

为政治上平等的关系。① 本节谈及的魏宸组之文诞生于中德两国关系稳步正常化的背景之下。魏宸组于民国十年（1921）至民国十四年（1925）任驻德国公使，正值卫礼贤在法兰克福大学创办中国学院，故受邀前来致辞。

中国学院的创立毫无疑问对于两国文化交往有积极的促进作用。魏宸组在民国十四年十一月十五日（1925 年 11 月 15 日）《德国法兰克福中国学院开幕演说词》(*Ansprache des chinesischen Gesandten Excellenz Sunchou Wei*)中以利玛窦（Matteo Ricci, 1552—1610）与徐光启的交往、汤若望（Johann Adam Schall von Bell, 1592—1666）担任钦天监之史实，说明中国对西学的重视。而中国的现代化在方方面面体现了西学的影响：中国的教育事业"根据欧洲经验革新"；外国语在学校也得到"教授"；在社会方面，"承认男女平等"，女子可进入大学深造，这在以前是"意想不到"的②。然而相对强势的西学东渐，东方却并未得到对等的重视，涉猎中国的知识传播有许多"错误与谬解"③，因此中国学院成立对于中国文化的传播有着重要的意义。这意味着"调和"④中西文化的机构被赋予生命，可以"使两个民族在思想上接近，了解双

---

① 史通文（Andreas Steen）将民国时期中德关系具体分为三个阶段：第一阶段为清宣统三年（1911）至民国八年（1919），被殖民主义打上烙印的不平等关系；第二阶段是民国八年（1919）至民国十年（1921），第一次世界大战后中国作为战胜国，德国为战败国，两国摸索新的历史条件下的关系建构；第三阶段是民国十年（1921）至民国十六年（1927），政治上相互平等的时期，详参 Andreas Steen: *Deutsch-chinesische Beziehungen 1911—1927: Vom Kolonialismus zur "Gleichberechtigung". Eine Quellensammlung*. Berlin: Oldenburg Wissenschaftsverlag, 2006, S. 33。
② 魏宸组：《德国法兰克福中国学院开幕演说词》，魏以新译，《德文月刊》第2卷第7期，第 312 页。
③ 魏宸组：《德国法兰克福中国学院开幕演说词》，第 313 页。
④ 魏宸组：《德国法兰克福中国学院开幕演说词》，第 311 页。

方的特性，希望和理想使人能研究它们的文化和历史，只有在这条路上才能创造民族间深刻而密切的了解"①。

也正是因为德国对中国文化存在误解，对华友好的德人的努力才尤为珍贵。魏宸组尤其珍视卫礼贤的汉学活动，赞之为"著名的汉学家，中国大批名著的翻译者"，这使得"凡爱研究中国哲学和文学的朋友，才能在德文中读中国著作"②。

## 六、东西之争

最后提及的中西文化关系论述刊登于民国二十五年六月（1936年6月）的复刊号。民国十六年（1927），国民党定都南京，从此德国与国民党开展了紧密的合作。到民国二十六年（1937），中德合作之密切"足以令其他大国刮目相看"③，德国的影响渗透进中国的经济、军事和教育等领域，甚至对国民党高层产生作用。民国二十三年二月（1934年2月），国民党推行"新生活运动"，发起"中国本位文化建设运动"，目的是"改革社会、保国保种"④。

民国二十四年一月（1935年1月），王新命、何炳松等10位

---

① 魏宸组：《德国法兰克福中国学院开幕演说词》，第317页。
② 魏宸组：《德国法兰克福中国学院开幕演说词》，第311页。
③ ［德］伯恩德·马丁：《德国与国民党中国（1927—1941）》，载张寄谦主编：《中德关系史研究论集》，北京大学出版社2011年版，第131页。
④ 参见杨立强、刘其奎主编：《简明中华民国史辞典》，河南人民出版社1989年版，第89页。亦可参见张岱年主编：《孔子百科辞典》，上海辞书出版社2010年版，第702页。值得一提的是，这场运动不无德国的影响。对于德国在国民党这场"新生活运动"中的角色，学界已有不少论述，但并无定论。伯恩德·马丁（Bernd Martin）认为，从"新生活运动"所反映的儒家社会秩序的传统伦理价值来看，这个运动比起学习当代法西斯模式来更接近19世纪早期的德国榜样"，参见［德］伯恩德·马丁：《德国与国民党中国（1927—1941）》，第156页。而美国学者柯伟林（W. C. Kirby）也将阐释这场运动产生的原因放在蒋介石对德国法西斯和普鲁士军事伦理学的崇拜，参见［美］柯伟林：《德国与中华民国》，陈谦平等译，江苏人民出版社2006年版，第205—208页。

教授在《文化建设》上刊文《中国本位的文化建设宣言》。这篇文章问世后，被大量转载。《德文月刊》在复刊号上译出该文，标题译为"Kundgebung zur Schaffung einer bodenständigen Kultur in China"。执笔的 10 位教授力陈西学东渐对中国文化的侵蚀，批判洋维新时期"中学为体，西学为用"的见解，认为"现代世界固然已经没有了中国"，主张"要使中国能在文化的领域中抬头，要使中国的政治社会和思想都具有中国的特征，必须从事于中国本位的文化建设"①。此文引发一场关涉"东西方文化"的论争。民国二十四年三月（1935 年 3 月），胡适在《大公报》刊文《试评所谓"中国本位的文化建设"》批驳，所谓"中国本位的文化建设""正是'中学为体，西学为用'的最新式的化装出现。说话是全变了，精神还是那位《劝学篇》的作者的精神"②。

　　这场论争没有产出一锤定音的结论，而《德文月刊》将王新命等人的文章作为复刊号第一篇社论文章推出，应是政治主流文化之力所致。

---

　　① 德文译文为："Wenn China seine kulturelle Stellung heben will, wenn seine Politik, seine Gesellschaft und seine Gedankenwelt in ihrem Wesen chinesisch sein sollen, dann müssen wir uns bemühen, eine eigene, bodenständige Kultur aufzubauen." 中德文参见王新命、何炳松等:《中国本位的文化建设宣言》，唐哲译，《德文月刊》第 3 卷第 1 期，第 4 页。

　　② 胡适:《试评所谓"中国本位的文化建设"》,《大公报》1935 年 3 月 31 日，第 2 版。

# 第一章 "促进近世中国学术之发达"

## 第一节 创刊宗旨及德文月刊社

《德文月刊》编辑部在创刊号发布"发刊宣言":

> 其宗旨在使学生易于从事于德文的学习,并由谨密
> 的、适当的注释,为彼等开发读德文的德国文学和科学
> 书籍的门径。近数年来,中国学习德语的为数渐多,且
> 了解德国学术之价值的人,亦日益加增起来。"工欲善
> 其事,必先利其器。"(孔子,《论语》第十五篇第九章)
> 这个锐利的工具应在德文月刊中创造出来,而且希望它
> 能使中国的青年,易于明了德国学术之精奥,并因此间
> 接的辅助,促进近世中国学术之发达。①

---

① 同济大学中学部德文月刊社:《发刊宣言》,第2页。德语原文为: "Der Zweck
soll sein, das Studium der deutschen Sprache für die Schüler zu erleichtern und ihnen
durch sorgfältige und methodische Erläuterungen den Zugang zur deutschen Literatur
und zu fachwissenschaftlichen Schriften in deutscher Sprache zu eröffnen. In den letzten
Jahren hat in China das Studium des Deutschen fortwährend zugenommen, und die Anzahl
der Leute wächst zusehends, die den Wert der deutschen Wissenschaft zu schätzen wissen.
‚Ein Arbeiter, der seine Arbeit gut machen will, muß zunächst seine Werkzeuge schärfen‘
(Konfuzius, Gespräche XV, 9). Ein solche scharf geschliffenes Werkzeug soll in dieser
‚Deutschen Monatsschrift‘ geschaffen werden, und es ist zu erhoffen, daß sie es jungen
Chinesen erleichtert, in die Geheimnisse der deutschen Wissenschaft einzudringen, und daß
sie deshalb mittelbar auch dazu beitragen wird, die Enticklung der modernen chinesischen
Wissenschaft zu befördern."

　　发刊语目光远大，志存高远。于始创者而言，德语并不只是语言，而且是门径和工具，引领中国青年进入德国学术和科学的殿堂。这在当时兵荒马乱、民不聊生的历史语境中，有学术救亡的关联语意，有为民族复兴而奋斗、间接启蒙之意。

　　这份署名为"同济大学中学部德文月刊社"（Verein Deutsche Monatsschrift, Tung-Chi Universität, Mittelschule，下简称"月刊社"）的发刊宣言来之不易。刊物的创办筹备工作于民国十二年（1923）已启动。月刊社曾请学校拨款相助，但遭拒，"不得已向同学及教职员募捐"，筹得"一千余元"[1]，用以创刊。

　　月刊社负责刊物发行和销售，其宗旨是"发行《德文月刊》，以为学习德文者之辅助"[2]。月刊社结构完善，下设编辑部、评议部和干事部。其构成见于《同济大学中学部德文月刊社章程》：

图 1　德文月刊社组织机构图[3]

---

① 德文月刊社：《德文月刊之过去与未来》，第 269 页。

② 同济大学中学部德文月刊社：《同济大学中学部德文月刊社章程》，《德文月刊》第 1 卷第 12 期，第 437 页。

③ 图片来源：《德文月刊》第 1 卷第 12 期，第 442 页。

编辑部各员各司其职：总编辑"审查"全部稿件；编辑"给稿、翻译及校对"；集稿员"收集稿件"①。总干事负责"对外接洽"事宜；书记编辑"本社大事记"②，管理文牍等；会计处理钱财事宜；发行股即销售部；广告股管理广告事宜。评议部订立和修改规章制度等。从《章程》来看，月刊社各部门职责清晰，分工明确。但事实上，在第一、二卷发行期间，欧特曼承担的工作远超过章程所描述的职责范围，这在下文会有进一步的阐述。

## 第二节　刊发情况

三卷发行30期，共28本。第一、二卷的主编是欧特曼教授，首卷刊发较为规律，约每月发行一期，共出12期，共10本，其中第六、七期和第八、九期合刊发行，具体如下：

| 期号 | 发行时间 |
| --- | --- |
| 第一期 | 民国十三年一月（1924年1月） |
| 第二期 | 民国十三年二月（1924年2月） |
| 第三期 | 民国十三年三月（1924年3月） |
| 第四期 | 民国十三年四月（1924年4月） |
| 第五期 | 民国十三年五月（1924年5月） |
| 第六、七期 | 民国十三年六月（1924年6月） |

① 同济大学中学部德文月刊社：《同济大学中学部德文月刊社章程》，第438—439页。

② 同济大学中学部德文月刊社：《同济大学中学部德文月刊社章程》，第439页。

续表

| 期号 | 发行时间 |
|------|----------|
| 第八、九期 | 民国十三年九月（1924 年 9 月） |
| 第十期 | 民国十三年十月（1924 年 10 月） |
| 第十一期 | 民国十三年十一月（1924 年 11 月） |
| 第十二期 | 民国十三年十二月（1924 年 12 月） |

在第二卷发行之时，时局动荡，稿件难筹，月刊已现难以为继的端倪。第二卷第五、六期的目录页皆刊道歉文："本刊因集稿、印刷、学潮种种关系，以至出版延期，对于读者诸君，实在万分报歉，谨白于此，敬乞鉴谅！"① 从时间来看，每月按时出版已无可能，发行实属勉强。各期发行时间如下：

| 期号 | 发行时间 |
|------|----------|
| 第一期 | 民国十四年一月（1925 年 1 月）② |
| 第二期 | 民国十四年三月（1925 年 3 月） |
| 第三期 | 民国十四年九月（1925 年 9 月） |
| 第四期 | 民国十四年十二月（1925 年 12 月） |
| 第五期 | 民国十五年五月（1926 年 5 月） |
| 第六期 | 民国十五年八月（1926 年 8 月） |
| 第七期 | 民国十六年四月（1927 年 4 月） |
| 第八期 | 民国十六年八月（1927 年 8 月） |

---

① 见于《德文月刊》第二卷第五、六期目录页。
② 第二卷部分版权页的出版日期比实际出版日期要早。如第一期刊登和翻译孙中山先生当年 3 月才签署的遗嘱，并注明"十四年三月十一日补签"(II.1: 38)，说明该期出版时间晚于此遗嘱。下文如有出自《德文月刊》，无须着重标注出处完整信息的文章，一律以 I、II、III 代表卷数，阿拉伯数字代表期，最后的数字是页码，如 II. 1: 38 指第二卷第一期第 38 页。

其中，第二卷第八期的实际发行时间晚于封二标明的时间。[①]
第二卷发行后，不得已休刊。一是由于印刷费筹措的困难，二是
翻译工作耗时耗力，举步维艰："售款所得，不敷印刷之所需，而
广告之收入亦为数稀少，加以多年来学校多事，稿件——只翻译
工作——拮据，于是月刊第二卷出齐后，不得不暂行休刊矣。"[②]
月刊社在复刊时也强调：翻译工作"吃力且费时"[③]。要找到水平
可靠、源源不断的稿源并非易事，译稿匮乏导致刊物无法维系。

八年后，《德文月刊》历经几番周折，复刊终现曙光。民国二
十四年（1935），《本校德文月刊社近讯》阐述："现为适应需要并
为增厚办事能力起见，改由大学部及附设各部师生，共同襄办，
扩充为同济大学德文月刊社。"[④] 刊物扩大为全校刊物，并于民国
二十五年六月（1936 年 6 月）复刊。版权信息由原同济大学中学
部（Tung-Chi Universität, Mittelschule）更改为"国立同济大学"
（Staatliche Tung-Chi Universität）。第三卷共发行十期：

| 期号 | 发行时间 |
| --- | --- |
| 第一期 | 民国二十五年六月（1936 年 6 月） |
| 第二期 | 民国二十五年十一月（1936 年 11 月） |
| 第三期 | 民国二十五年十二月（1936 年 12 月） |
| 第四期 | 民国二十六年一月（1937 年 1 月） |
| 第五期 | 民国二十六年二月（1937 年 2 月） |

---

① 根据第八期"时事新闻"栏目报道《同济同学会》，因贝伦子于民国十六年十月
三十一日（1927 年 10 月 31 日）去世，众人提议追悼一事推断该期实际印刷时间在民
国十六年十一月（1927 年 11 月）之后。

② 德文月刊社：《德文月刊之过去与未来》，第 269 页。

③ 同济大学中学部德文月刊社：《重刊宣言》，《德文月刊》第 3 卷第 1 期，第 1 页。

④ 《本校德文月刊社近讯》，《国立同济大学旬刊》1935 年第 80 期，第 7 页。

续表

| 期号 | 发行时间 |
|---|---|
| 第六期 | 民国二十六年三月（1937 年 3 月） |
| 第七期 | 民国二十六年四月（1937 年 4 月） |
| 第八期 | 民国二十六年五月（1937 年 5 月） |
| 第九期 | 民国二十六年六月（1937 年 6 月） |
| 第十期 | 民国二十六年七月（1937 年 7 月） |

复刊后，读者反映良好。后因暑假停刊两期，因此时隔五个月才继续刊发第二期。① 从第三期起，月刊社决意扩充内容："自三卷三期起，该刊内容大加扩充，计分十栏，每栏由校内专门人才负责，分工合作，成效必著。'②

月刊社原计划在民国二十六年十月（1937 年 10 月）出第四卷，③并对内容已有详细的设想。材料选择将"益严格"，内容"充实精彩""活泼有趣"，计划如下：

（1）拟多载短篇文字，如传记、特写、故事、名人逸事等。

（2）拟定时提出某项问题，作为取材中心，以资读者观摩仿取。

（3）拟增添应用文字，如社交信牍、游程记述或生活日记等，以提高读者的练习写作兴趣。④

---

① 《本校德文月刊第三卷第二期出版预告》，《国立同济大学旬刊》1936 年第 112 期，第 8 页。
② 《德文月刊扩充内容》，《国立同济大学旬刊》1936 年第 109 期，第 6 页。
③ 月刊社在《编后》一文中写道：'现第三卷已告结束，此后两月为本刊休版之期，再与诸君相见，当在十月一日第四卷问世时矣。" 参见德文月刊社：《编后》，《德文月刊》第 3 卷第 10 期，第 343 页。
④ 德文月刊社：《编后》，第 343 页。

遗憾的是，随着卢沟桥事变爆发，抗日战争全面进行，同济大学内迁，《德文月刊》就此彻底停刊。

## 第三节　内容与栏目

第一、二卷的栏目安排大体一致，内容可分为九类：议论文或散文、小说、戏剧、诗歌、中译德作品、格言、会话、语法及其他，其中文学比重较大。《德文月刊》尝试稳中求变。在封面设计上，第一卷全十二期的封面画统一采用瑞士画家阿诺尔德·波克林（Arnold Böcklin，1827—1901）的名画《希望》，而第二卷各期"选印与内容有关系"和"滑稽而美丽"[1]之图，增加了外观的多样性。在内容上，第一卷的文法栏目颇受欢迎，因此第二卷进行了栏目扩充，增加文法部分。[2]

第三卷内容框架沿袭前两卷，但文学比重明显下降。对于复刊，读者程忆帆曾撰文评之为"再生"[3]。程忆帆认为《德文月刊》之所以能复刊，在于"求"的方面。他对国内各大学德文科开设情况如数家珍："清华大学各年德文近年来每年都须开四五班"，"北平大学亦很热闹……德文在南京可也真红了"[4]，德文教育有蒸蒸日上的态势。但对于沿用中德文对照方式，程忆帆

---

[1]　德文月刊社：《致读者》，《德文月刊》第 1 卷第 11 期，第 404 页。

[2]　德文月刊社对于自身的价值是有准确的认识的："溯月刊创办迄今，屡蒙阅者赞许，并有催询延期之故者，足见本刊自有相当之价值，此两卷内容，如每期之'文法栏'均为不可多得之作品，我校多采为校材。"参见德文月刊社：《德文月刊之过去与未来》，第 269 页。

[3]　程忆帆：《再生了的"德文月刊"》，《书人月刊》1937年第 1 卷第 3 期，第 66 页。

[4]　程忆帆：《再生了的"德文月刊"》，第 66 页。

略有微词："与其全文对译，不如选择重要的语句详解而分析，读者更能多多获益，而且更合语文杂志的使命。"[1] 其结论便是：这份刊物"不失为一种好的工具"，但"望与时俱进，不要死守老套"[2]。

根据总目录，第三卷的文章分为十一类：文章（Aufsätze）、小说（Erzählungen）、短篇小说（Kurzgeschichten）、名人生平介绍（Lebensschreibungen）、中译德作品（Übersetzungen aus dem Chinesischen）、会话（Gespräche）、关于语言的文章（Sprachliches）、语法（Grammatik）、尺牍（Briefsteller）、时事新闻（Zeitungsstimmen）、关于同济大学的报道（Berichte über die Tung Chi）。此外，应读者"添加关于应用文字之材料"[3] 的要求，从第三卷第六期开始增加《简单尺牍》栏目；同时增加《科学小故事》栏目。

## 第四节 史料现状

《德文月刊》是近代在华德文期刊中留存较为完善的一份刊物。第一、二卷曾出合卷本，部分现馆藏于国内部分图书馆和档案馆。就笔者在广东省立中山图书馆、同济大学档案馆等多地所见合卷本来看，两卷合卷本在编排上存在细微的差别：第一卷页眉处注明卷期，第二卷隐去相关卷期说明。因此单纯从第二卷合卷本难觅得各期界限。

《德文月刊》是德文报刊中电子化较好的刊物。截至 2022 年

---

① 程忆帆：《再生了的"德文月刊"》，第 66 页。
② 程忆帆：《再生了的"德文月刊"》，第 67 页。
③ 吴淞国立同济大学教务处德文月刊社：《编后》，《德文月刊》第 3 卷第 6 期，第 198 页。

5月，"全国报刊索引"数据库能提供第一卷共五期（第一、二、三、八/九、十一期）、第二卷合卷本和第三卷共四期（第五、七、九、十期）的电子版本。①

部分刊影如下：

图2　第一卷第一期刊影

图3　第二卷第一期刊影

图4　第二卷第二期刊影

图5　第二卷第四期刊影

---

① 另《近代中外文化交流史料汇编》（广陵书社，2020年）第17卷和第18卷影印了第一卷共五期、第二卷合卷本和第三卷共四期。究其内容，该书影印的《德文月刊》与全国报刊索引数据库的资料高度吻合。

图 6　第三卷第一期刊影

图 7　第三卷第三期刊影

图 8　第三卷第五期刊影

图 9　第三卷第七期刊影

# 第二章　主编、译者群体及刊物的影响

## 第一节　创刊主编

### 一、欧特曼在华从教经历

光绪八年（1882），德文教授、汉学家欧特曼 [①] 出生于德国汉诺威省乌特威尔敦，于光绪二十六年（1900）春就读于格赖夫斯瓦尔德大学，第二学期转入柏林大学（Friedrich-Wilhelms-Universität zu Berlin），学习历史、地理、语言学，兼修哲学和文学，其间服一年兵役。现存洪堡大学的档案显示，光绪三十年六月二十三日（1904 年 6 月 23 日），欧特曼以博士论文《罗马时代西班牙塔拉戈南西斯行省的部落群》（*Die Völkerstämme von Hispanien Tarraconensis in der Römerzeit*）在哲学系通过考试，当天共有四位考官。从其签名顺序来看，地理学家李希霍芬（Ferdinand von Richthofen, 1833—1905）位列第三。[②] 李希霍芬曾遍游中国，著有巨著《中国》（*China*）等，最早提出"丝绸之路"的概念。欧特曼曾是其学生，看来他对中国的热情和兴趣，与李希霍芬一脉相承。光绪三十一年（1905），欧特曼通过国家考试，投身教育

---

[①] 《欧特曼教授哀思录》收录了魏以新所撰《欧特曼教授传》，甚为翔实，为本节主要参考依据。其生平可另参见滕固：《欧特曼先生小传》，《国风》1934 年第 4 卷第 8 期，第 26—27 页；李乐曾：《德国对华政策中的同济大学（1907—1941）》，第 252—255 页。

[②] Vgl. HUB, UA, Promotionen Dr. phil., Phil. Fak.01. Prom.: 396, S. 530, 532.

事业。适逢德国外交部选拔赴华教育人才，欧特曼当选，光绪三十三年（1907）夏被送至东方研究院学习汉语，同年年底，被派至北京主持中德学校校务，一年半后赴天津中德学堂任教。

图 10 《欧特曼教授哀思录》所印画像

执教数月后，欧特曼调任青岛，任中德合办的青岛特别高等专门学校（又称"德华大学"）预科教务长。至于其中细节，既有文献似未涉及。欧特曼来华属官方委派性质，调任须经外交部认可。一封日期为宣统元年八月十七日（1909 年 8 月 17 日）的公函披露，德华大学申请调任欧特曼，前提是获取天津领事和大使的批准。[①] 同一天，时任德华大学校长凯珀教授（Georg Keiper，1877—1951）简述："不仅封 雷克斯伯爵阁下，而且克尼平领

---

① 参见《关于高级教师 Dr. Othmer 到青岛特别高等专门学堂任职等事宜致德国总理 Bethmann Hollweg 的函》，1909 年 8 月 17 日，馆藏号 B0001—002—00032—0052，青岛档案馆藏。

事也同意欧特曼博士调任青岛。根据克尼平先生的判断，欧特曼博士在天津的学校实际上未能人尽其才。"① 封·雷克斯伯爵（Arthur von Rex, 1856—1926）系德国驻华公使（1906—1911），克尼平（Hubert Knipping, 1868—1955）系德国驻天津领事（1906—1913）。凯珀从中协调，已获两位外交要员的同意。18 日，雷克斯公使在公函中向帝国总理封·贝特曼-霍尔韦格（T. von Bethmann Hollweg, 1856—1921）禀明欧特曼调任一事，并提出补替建议：

> 在鄙人看来，补替的问题并不棘手，因为四名在东方研究院接受预备训练的小学教员中，只有三名确定了去向。现下交通部暂时拒绝为天津铁路学校聘请一位小学教员，那么这名原计划担任这一职位的教员可调配。
>
> 鄙人与帝国驻天津领事都认为，高级教员欧特曼博士在那无法找到与其接受的更高级的预备训练相匹配的用武之地，不会满足于给中德小孩教初等课程。②

可见，调任也是欧特曼本人的愿望。宣统元年九月（1909 年 9 月），他如愿调至青岛。第一次世界大战爆发后，他加入德

---

① 《关于高级教师 Dr. Othmer 到青岛特别高等专门学堂任职等事宜致德国总理 Bethmann Hollweg 的函》，1909 年 8 月 18 日，馆藏号 B0001—002—00032—0052，青岛档案馆藏。原文为德语，由笔者译出。如无特别说明，本书德文引文均由笔者译出。

② 《关于高级教师 Dr. Othmer 到青岛特别高等专门学堂任职等事宜致德国总理 Bethmann Hollweg 的函》，1909 年 8 月 17 日，馆藏号 B0001—002—00032—0052，青岛档案馆藏。

军，"任上尉连长"[1]。后被掳至日本，在日本战俘营待了五年。其间学习和掌握日语，民国十七年（1928）将日本语法学家中目觉（Nakanome Akira）的日语语法书译成德文[2]；作为德俘之首[3]，发挥特长，在日俘营发行德文报纸，编撰中德袖珍字典，开设中文补习班。民国八年十二月（1919 年 12 月）获释，翌年返华，到上海同济大学中学部执教。[4]民国九年（1920）起被授予教授称号[5]，任中学部教务长[6]，民国二十二年十月（1933 年 10 月）被南京中央大学授予名誉博士称号。民国二十二年（1933）因胃疾回德养病，翌年 1 月去世。同济大学于 2 月 28 日举行千余人追悼会。[7]

欧特曼认定中国为其"第二故乡"[8]，曾拒德国大学汉学系等的聘任，坚守中国。他威望素著，有领袖之才，担任各种要职，

---

① 魏以新：《欧特曼教授传》载《欧特曼教授哀思录》，南京国华印书馆 1934 年版，第 3 页。

② Vgl. Nakanome Akira, *Grammatik der Orokko-Sprache*. Übersetzt von Dr. W. Othmer, Osaka: The Osaka Asiatic Society, 1928.

③ Vgl. Ernst Boerschmann, "Wilhelm Othmer. Ein rechter Mann an rechten Platze"，《欧特曼教授哀思录》，第 18 页。

④ 民国三年（1914）起，同济大学陆续接收部分因"一战"停办的德华大学学生，详参李乐曾：《一战期间上海德文医工学堂接纳青岛德华大学学生探析》，《德国研究》2019 年第 2 期，第 140—156、160 页。欧特曼后来到同济执教，在某种程度上再续了与德华大学的缘分。

⑤ 李乐曾：《德国对华政策中的同济大学（1907—1941）》，第 252 页。

⑥ 部分文献认为欧特曼任中学部主任，如李乐曾：《德国对华政策中的同济大学（1907—1941）》，第 284 页。这其实是讹误，欧特曼担任教务长，位列主任之下，参见《国立同济大学十八年度校况简表》，第 19 页。

⑦ 参见校闻：《中学部教务长欧特曼先生追悼会纪事》，《国立同济大学旬刊》1934 年第 17 期，第 9 页。

⑧ 魏以新：《欧特曼教授传》，第 4 页。

倡导和组建了德国东亚学会上海分会，[①] 是中方筹办的中德文化协会重要成员[②]；其人也正，为上海德侨代表，被追忆为"德侨之望"[③]。民国二十一年一月（1932年1月）淞沪战役爆发，日军猛攻吴淞，殃及同济大学，一批德籍教师及其家属无法撤离。欧特曼前往中方前线指挥部磋商，使德人得以安全绕道撤至市区。

图 11　《汉语通释》书影

此外，欧特曼心怀学术理想。在青岛任教时，曾与同僚雷兴（Ferdinand Lessing，1882—1961）共同编写汉语教材《汉语通释》（*Lehrgang der Nordchinesischen Umgangssprache*），原计划出三册，第一册于民国元年（1912）出版，一直沿用至20世纪30年

---

①　参见《德国东亚学会上海分会成立》，《民国日报》1931年2月8日，第3张第3版。

②　参见《新近在平成立之中德文化协会推丁文江等十七人组织董事会 朱家骅陶德曼为名誉会长》，《华北日报》1933年5月7日，第7版。

③　张群：《欧特曼博士诔词》，载《欧特曼教授哀思录》，第20页。

代，影响了德国几代汉语学习者；编写第二册的计划因第一次世界大战爆发付之东流；民国十三年（1924）至民国十七年（1928）兼任《德文月刊》主编；曾将国民党党章、建国大纲、戴季陶述孙中山著作等译成德语。

## 二、欧特曼与民国学人

欧特曼与民国学人交往的端倪可见于民国二十三年（1934）国内印制的悼念文集《欧特曼教授哀思录》。众多社会名流纷纷撰挽词，以寄哀思。主持商务印书馆的张元济撰序，学术泰斗蔡元培亲笔题写书名，孙科题诔词"人怀教泽"，蒋中正赞之为"文化津梁"。[①] 其余赐墨宝的名人不乏军政要人，德国驻华大使陶德曼、国民政府主席林森、朱家骅、马君武、罗家伦等逾20位名人厕身其间，同济大学前校长张群、张仲苏、胡庶华以及时任校长翁之龙撰著追思文，另有同僚和受业弟子情意真挚的追思文章。

显然，欧特曼与国内学人多有交往。他创立上海东亚学会支部并担任主席，另身兼数种学术学会的要职，如法兰克福中国学院友谊联合会会长。他与蔡元培的往来可从信件中窥得端倪。民国二十一年十一月十日（1932年11月10日），德国法兰克福中国学院欧特曼等人致信蔡元培，推举他为名誉会员。蔡元培回信写道："遵示列名，并尽相当助力，共策进行。"[②] 若非欧特曼英年早逝，中德学术交往应有一段佳话。在哀思录中，蔡元培哀之"有斐君子，终不可谖兮"[③]。

---

① 《欧特曼教授哀思录》，第9页。
② 高平叔：《蔡元培年谱长编》（下1），人民教育出版社1998年版，第642页。
③ 《欧特曼教授哀思录》，第8页。

接下来重点述及的是张元济。欧特曼几次与商务印书馆往来。"一·二八"事变中，日本人轰炸上海，殃及商务印书馆，藏书逾50万册的附设东方图书馆遭到极大破坏。"一·二八"事变之前，欧特曼已将应商务印书馆之邀[①]编写完好的中德袖珍字典送去商务印书馆，但书稿印刷铜版同样被日军的炮火毁坏。这说明欧特曼与商务印书馆有出版事务上的往来。

为复兴东方图书馆，民国二十二年（1933）商务印书馆成立以张元济为主席的复兴委员会，欧特曼被推举为委员会的国际委员[②]，负责筹备组织德国赞助委员会。这一事件也成为张元济为《欧特曼教授哀思录》撰写序文的一个引子，其序简体抄录如下：

> 　　上海同济大学教授欧特曼先生学术行谊久所钦重惟元济杜门蛰处罕与当世贤士晋接唔言开疏去年商务印书馆组织东方图书馆复兴委员会并敦请西方名哲参加赞助分致聘约而先生慨然乐就元济忝预委员之列谓自此可得常时奉手非止私幸抑亦文化大同之幸。
>
> 　　未几闻
> 　　先生以病归国又未几闻
> 　　先生在柏林捐馆噩耗传来为之怅恨不怡者累日今同济大学同学诸君既为先生立传又将为编纂哀思录以

---

① 据滕固所撰"小传"，欧特曼于民国十九年（1930）"徇商务印书馆之请"，"增订中德修正字典"，参见滕固：《欧特曼先生小传》，《国风》1934年第4卷第8期，第26页。

② 欧特曼逝世后，德人嘉罗罗博士接任国际委员，参见张元济：《致商务印书馆董事会函2件》，载张人凤编：《张元济与中国近现代图书馆事业》，上海科学技术文献出版2014年版，第98页。

垂无穷属元济一言附之简末①元济侨沪久住尝与傅兰雅
林乐知、李佳白诸君亲其绪论诸君在中西文化萌芽孳乳
之时其著述亦已渐晦今值大同文化演进发达之时学术
言行卓卓如先生者而乃竟不永年世衰道微绍学失坠宜
乎中外同慨使元济益怆然思之而不能已也②

复兴委员会也为其早逝扼腕：欧特曼"欣然出任，将使百二
十国之宝书兮，光自他而有耀，乃初基甫进行兮，已遽赴海外修
文之召"③。欧特曼已有联络德国各界人士，为东方图书馆恢复藏
书效力的打算。

另一位为哀思录撰序的是美学理论家滕固。他并未受业于
欧特曼，而是在东京的德法语言学校学习了两年德语，后在柏林
获得博士学位。滕固与欧特曼多有私交，曾述：

余家离同济大学仅一余里，频年客居外乡，少回里
闲第，每次回里，必经同济，亦必访友于同济，因此屡
接欧特曼先生之言论风采，其拳挚之诚，感人至深。曩
年，游德境与其国朝野人士往还，亦盛道先生之为人。
于是知先生之为世崇敬已非一朝一夕矣。余于前年冬
归国，过同济访先生而先生已罹疾返国，为之怅怅于怀
者数日。未几闻先生溘逝，不禁泣然涕下。④

为悼念欧特曼，滕固意犹未尽，担当为哀思录撰写德文序言

---

① 疑为"末"之误。
② 张元济：《序言》，载《欧特曼教授哀思录》，第1页。
③ 东方图书馆复兴委员会全体委员：《欧特曼先生诔文》，载《欧特曼教授哀思录》，第26页。
④ 滕固：《欧特曼先生哀辞》，载《欧特曼先生哀思录》，第24页。

的重任，赞其"博学"和治学的热情，并将哀思录的目的告知世人："这本回忆文集主要用以纪念欧特曼教授，也为那些打算继续他一生事业的人提供了一个榜样"，这份事业就是"要努力实现中德文化生活的相互理解"。[①]

为哀思录撰写悼词的还有黄伯樵。民国三十三年（1944），时值欧特曼逝世十周年，黄伯樵、周迪平[②]、卫德明、奥地利汉学家罗逸民（Erwin Reifler，1903—1965）在《中德学志》撰写纪念欧特曼的专文。黄伯樵曾留学柏林工科大学，颇通德文，曾编写《德华大字典》，民国二十三年（1934）曾赴欧考察各国路政，是中国铁路事业的先驱之一，也是近代较早走向世界的中国人。他写道："予与先生缔交，在欧西人士中为独早……"，而"予纳交于欧美人士而尤心折者，厥惟热心灌输知识，平衡推进文化之士"[③]。在他心目中，欧特曼扮演着文化使者的角色："先生雅善华语，兼长中西文字，用能深悉中德民族之个性，兢兢焉以平衡灌输中德文化为职志"[④]。

除结交文化人士之外，欧特曼在华任教20余载，培育了几代德语学子。在这些学子中，中国图书馆学家蒋复璁对欧特曼的怀念也让人印象深刻。蒋复璁于民国二年（1913）考入青岛特别高等专门学校预科班，接受欧特曼教导，后考入北京大学文

---

① 滕固：《德文序言》，载《欧特曼先生哀思录》，第1页。原文为德语，此处为笔者译出。这份序言也被收录于沈宁编著《滕固年谱长编》（上海书画出版社2019年版，320页），该文附中文译文，由李乐曾译出。

② 周迪平在青岛时受业于欧特曼。周曾追忆："余于民国初元，肄业青岛，得亲承教诲，受益良多，至今虽已历三十年，而追念音欬，历历如在。"参见周迪平：《追念欧特曼先生》，《中德学志》1944年第1-2期，第4页。

③ 黄伯樵：《欧特曼先生逝世十周年纪念感言》，《中德学志》1944第1-2期，第1页。

④ 黄伯樵：《欧特曼先生逝世十周年纪念感言》，第1—2页。

预科，入德文班，留学柏林大学。在哀思录中，蒋复璁撰写中德文哀辞，自述作为欧特曼在青岛的学生，当时已非常"钦佩先生的中国语言和文化知识的渊博"；并哀婉欧特曼的早逝，认为这"不仅对德国，而且特别是对中国来说，是个无法弥补的损失，因为几乎没有人像欧特曼教授那样深入中国的精神生活"①。

受欧特曼影响的学生中，不乏与蒋复璁情况一样，远赴德国研习、归国后发挥重大作用之人，如汤元吉②等人。另，在他担任中学教务长期间，求学之人中部分走上红色革命和建设新中国的道路，如著名革命家殷夫③、魏以新等。因此罗家伦称赞道："诲人不倦、治事以诚"④。

### 三、挂帅主编

民国三十三年（1944），值欧特曼逝世十周年之际，北京中德学会提议加以纪念，黄伯樵撰悼文评之为"精神上交通界中沟通中德文化之巨擘"⑤。从欧特曼殚精毕力主编的《德文月刊》来看，该评语并不为过。欧特曼教授德文、地理等课程，教学工作量繁

---

① 《欧特曼教授哀思录》，第22页。原文为德文，笔者译。蒋复璁民国二十九年（1940）创办中央图书馆，1954年任台湾"中央图书馆"馆长。
② 汤元吉曾在同济大学中学部学习，民国十二年（1923）赴德留学，获慕尼黑大学博士学位，民国二十年（1931）回国后在中央研究院化学研究所专任研究员，译有《史推拉》（商务印书馆1925年版）、《克拉维歌》（商务印书馆1926年版）、《春醒》（商务印书馆1928年版）、下文详细讨论的《悔菲女》（与俞敦培合译，上海商务出版社1936年版）等。除德语文学方面的译文，还翻译了化学专业的书籍，如《化学学校》《化学原理》。参见林煌天主编：《中国翻译词典》，湖北教育出版社1997年版，第652页。
③ 民国十六年（1927），殷夫考取同济大学中学部德文补习科，学习德语，后由德语译出匈牙利诗人裴多菲《自由与爱情》，被鲁迅引用，成为脍炙人口的诗歌。参见王艾村：《殷夫年谱》，上海人民出版社2010年版，第70、121页。
④ 《欧特曼教授哀思录》，第15页。
⑤ 黄伯樵：《欧特曼先生逝世十周年纪念感言》，第1页。

重，每周授课 18 小时，外加学生演讲练习课两小时 ①。尽管教学任务繁重，他仍欣然允诺出任《德文月刊》主编。

图 12　德文月刊社 ②

办杂志并非易事，更何况中德双语杂志校稿工作繁重。魏以新曾忆具体编辑流程：

> 材料由先生指定，用打字机写就，先生预作附注，然后发与同学翻译。译毕由先生逐句校对，有不合处即令我改正，此外更令分别译文之段落，统一标点，有时校改太多，难于认识，复为重抄，以便排印。……故在出第一卷期内，每日业余之暇，即至先生寓所协助校改，通常一小时至三四小时。德文校对概由先生自任，大都校至四五次方止。有时由译者亲自赴先生寓所校改译文，动辄达四五小时，莫不惊先生之精力过人。③

---

① 参见魏以新：《欧特曼教授传》，第 4 页。授课课时可参看若水：《德籍教授欧特曼》，载金正基主编：《同济的故事》，同济大学出版社 2015 年版，第 59 页。两篇文章对课时量说法一致。

② 本图原载于《国立同济大学二十周年纪念册》，1928 年，正中坐者为欧特曼。

③ 魏以新：《忆业师欧特曼教授》，载《欧特曼教授哀思录》，第 33 页。

月刊耗费大量时间和心血，稿件的选择、附注的撰写、译稿的校对和广告的招揽皆由欧特曼一力承担，正如魏以新所言：欧特曼"编辑月刊纯为义务性质，若云报酬，只是满足沟通中德文化之欲望而已"①。欧特曼教授对《德文月刊》尽心又尽力，德文月刊社曾述：

> 月刊社非营业性质，办事人均尽义务，最可感者厥为欧教授，译稿之选择，广告之招揽，悉由欧先生一人任之。欧先生为此耗费不少之时间及精力，而不索酬报，此诚为本社所当感谢者。②

在后人看来，《德文月刊》并不仅限于传授德语，还无形中搭建了中德文学文化沟通的平台。这在后文会具体展开叙述。

新闻学泰斗戈公振在《中国报学史》列出三份德人所办纯德文报刊。戈公振之作成书于民国十四年（1925）至民国十五年（1926）之间，论述重点为报刊，未将《德文月刊》列在其中也是情理之中。正如戈公振指出，外文报刊主要为本国人服务，③虽可供习外文之人阅读，但受众面终归因此受限。《德文月刊》采取中德对照的形式，打破了这种劣势，不仅可向中国介绍德国文化，而且向德国介绍真实的现代中国，中德沟通的视角在当时弥足珍贵。

这体现在月刊的编排上。开篇一般是一篇论述文学文化或政治的文章，常设德国文学作品、中国文学作品、情景会话和语法、时事新闻等栏目。在欧特曼三编时期，文学比重很高，加上中德

---

① 魏以新：《忆业师欧特曼教授》，第 33 页。
② 德文月刊社：《德文月刊之过去与未来》，第 270 页。
③ 参见戈公振：《中国报学史》，岳麓书社 2011 年版，第 71 页。

双语对照的形式，德国文学被译为汉语，中国文学得以翻译为德语，中德读者都可接触异国文学。月刊深受国内读者欢迎，并销往德国，曾一期印出一千册，成为年轻学人的德语启蒙读物。

## 第二节　冯至与复刊

冯至，旧名冯承植，中国日耳曼学泰斗，曾因鲁迅评语"中国最为杰出的抒情诗人"[①]声名鹊起。他在《昨日之歌》《北游》《十四行诗》展现出的诗才使之留名中国近代文学史。1988年，德国波恩大学汉学系主任特劳采特尔教授（Rolf Trauzettel）颁发宫多尔夫奖时评冯至为"诗人型的学者、学者型的诗人和翻译家"，[②]这道出大多数人对冯至先生的印象。[③]

民国二十四年九月（1935年9月），冯至留德归来，在京暂谋得中德学会干事的差事。翌年，冯至经校友蒋复璁通过朱家骅被举荐至同济大学附属高级中学。[④]蒋复璁的荐职绝非偶然。据姚可崑述，在冯至回国后，蒋复璁已伸出橄榄枝，极力介绍冯至到南京，且曾在南京接待冯至并将之举荐给朱家骅。[⑤]后冯至选

---

① 鲁迅：《中国新文学大系·小说二集导言》，载刘运峰编：《1917—1927中国新文学大系导言集》，天津人民出版社2009年版，第83页。

② ［德］罗尔夫·特劳采特尔：《授奖仪式上的颂词诗人型的学者，学者型的诗人和翻译家》，载张恬：《冯至全集》第五卷，河北教育出版社1999年版，第222页。

③ 季羡林同样也用"诗人兼学者"评价冯至先生，参见季羡林：《诗人兼学者的冯至先生》，《外国文学评论》1990年第3期，第37—40页。

④ 冯姚平：《给我狭窄的心，一个大的宇宙——冯至画传》，百花洲文艺出版社2015年版，第50页。

⑤ 姚可崑：《我与冯至》，广西教育出版社1994年版，第49页。

择回京，蒋复璁仍不断写信拉拢。冯至不愿赴宁，主要因南京官僚，"国民党的气味太重"①。后来冯至接受了蒋复璁介绍的同济大学的教职，也是情理之中，上海稍离南京，与权力中心有段距离，且同济大学着手筹办文学院，计划发展为综合大学，对冯至来说也有学以致用的前景。

冯至到任后，将一部博士论文《自然与精神的类比——诺瓦里斯的文体原则》②（*Die Analogie von Natur und Geist als Stilprinzip in Novalis' Dichtung*）赠予同济大学，扉页有冯至宝墨："赠同济大学图书馆　著者冯承植。"图书馆首次登记时间为民国二十五年十月二日（1936 年 10 月 2 日）。根据落款，此时他仍使用旧名冯承植。

图 13　冯至赠书扉页

---

① 姚可崑：《我与冯至》，第 49 页。

② 后由李永平、黄永嘉译出，译文可参见范大灿主编：《冯至全集》第七卷，河北教育出版社 1999 年版，第 3—143 页。

冯至执教的成就之一是主编《德文月刊》。至于该刊的"复活",《同济大学史》有如下记载:

> 《德文月刊》……因故停刊……1932 年"一·二八"事变后,准备复刊,由于该刊原主编欧特曼教授病故,主持乏人,加之翻译稿源又缺,因而未能如愿。……在本校教务处领导下,重建德文月刊社,由中学部主任冯承植教授主编。[1]

此处存疑点有二。其一,德文月刊社何时重建。实际上,停刊后,月刊社实体仍存,维持营运:"每年照章选出其干事部之人员以管理之。"[2] 另,不乏读者来信购买存书,一方面实证其影响力,另一方面证明月刊社的存在。然而,干事能做之事唯有管理和售卖库存旧刊,编辑和出版陷入停顿。后月刊社于民国二十一年(1932)重建,主要由于下文所提遭日方炮击一事。其二,冯至是否促成复刊。

实际上,复刊并非在民国二十一年(1932)才启动。月刊社其实早有计划,曾发文《德文月刊之过去与未来》述愿:

> 溯月刊创办迄今,屡蒙阅者赞许,并有催询延期之故者,足见本刊自有相当之价值,……现任校长张先生颇愿月刊之复活,本社同人及同学亦以月刊停版为可惜,

---

① 翁智远、屠听泉主编:《同济大学史 第1卷 1907—1949》,同济大学出版社2007年版,第95—96页。

② 健:《德文月刊社略历及近况》,《芥舟》1934 年第 2 期,第 162 页。

故张先生有收归校办之意，所用经费悉由学校担任。①

纪念册为庆祝国立同济大学二十周年而作，于民国十七年（1928）发行，也就是说，休干不久，月刊社便有意复刊。民国十七年（1928），校长张仲苏也有将《德文月刊》收为校办，经费由学校承担，因此解决了经费问题，但稿源仍是月刊社担忧的问题。因此，月刊社在《德文月刊之过去与未来》文末鞭笞同学们：

　　惟鉴以前之稿件缺乏，大半由于同学之功课繁冗，余暇无多，致不能尽力翻译，故拟改月刊为季刊，此固极好之消息，然亦视乎同学今后之能否努力耳，否则，月刊自月刊，同学自同学，月刊之复活，无关于同学之得失；同济大学，又何贵乎有德文月刊之刊行？②

可见，月刊社一直有复刊的打算，甚至计划将月刊改为季刊，让《德文月刊》得以复活 而校方亦愿资助，但并未如愿，加上民国二十一年（1932）"上海事变"爆发，主编欧特曼教授病发回国，最终逝世，复刊一事一度搁置。

民国二十年（1931），高三的学生积极筹划出版，然而"九一八事变"爆发，同济大学惨遭炮击，月刊社被波及，损失惨重，当年学校迁至吴淞，月刊社重建，"此后因不得欧特曼教授之允任，主笔乏人"③。可见，终因种种原因，如不稳定的时局、"上海事变"等，后欧特曼先生患病归国病逝，这对于德文月刊社是个沉重的

---

① 德文月刊社：《德文月刊之过去与未来》，第270页。实际上，第三期篇幅并未如预告的那样明显增加，据笔者统计，第一期正文共34页，第二期正文共32页，第三期正文共32页。篇幅并无明显增加。

② 德文月刊社：《德文月刊之过去与未来》，第270页。

③ 健：《德文月刊社略历及近况》，第162页。

打击。复刊一事直到民国二十四年（1935）才重新提上日程。

当时复刊的工作已正按部就班地进行：

> 顷附中主任已协同原负责保管人员于上月将一切文件，德文月刊合订本及单行本，与历年账目款项，分别交大学部会计出版二课接受完竣（清单列后）。该社自改组以来，新旧负责人员，均异常努力进行复刊工作，现收到稿件极多，一俟编辑就绪，即可付印。①

民国二十四年（1935），德文月刊社就已收稿完毕，旨在复刊，并获得时任附中主任陆振邦②的支持。民国二十五年六月（1936年6月），在冯至抵沪之前，《德文月刊》正式复刊，因此复刊号并无冯至主编的信息，见下图。

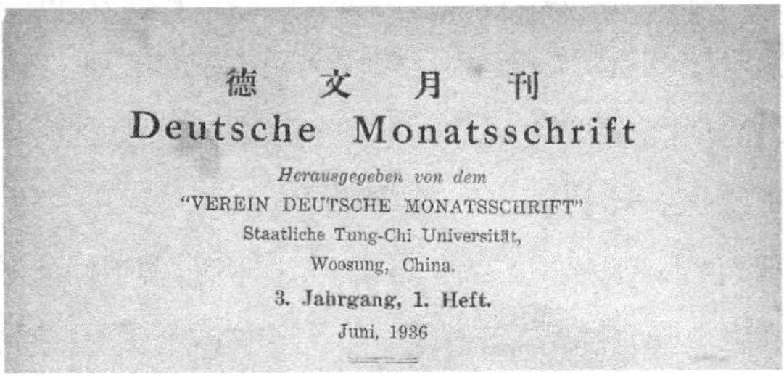
德文月刊
Deutsche Monatsschrift
*Herausgegeben von dem*
"VEREIN DEUTSCHE MONATSSCHRIFT"
Staatliche Tung-Chi Universität,
Woosung, China.
**3. Jahrgang, 1. Heft.**
Juni, 1936

图14 复刊号出版信息

---

① 《本校德文月刊社近讯》，第7页。

② 民国二十三年一月（1934年1月），同济大学校闻《附设高中主任由陆振邦先生继任》述原主任陆希言请辞主任一职之事，参见《校闻：附设高中主任由陆振邦先生继任》，《国立同济大学旬刊》1934年第10期，第8页。民国二十五年二月（1936年2月），一则校闻述陆振邦辞职，改由余森文任附中主任，参见《校闻：本校附中主任陆振邦辞职改由余森文充任》，《国立同济大学旬刊》1936年第86期，第3—4页。可见，复刊一事主要由陆振邦操持。

复刊号显示了与第一、二卷的延续，封面登已故总编欧特曼的照片。《重刊宣言》阐明复刊的现实原因："这月刊在今日是更加需要了，因为同济的学生在增加，而中学的德文钟点却较前减少，所以学生要练习德语，非更靠自修不可。自修需要适当的读物。"①《重刊宣言》重录第一卷的发刊宗旨，重申以语言为利器，了解德奥学术精要，促进中国学术发达的要旨，表达赓续旧刊、初心不变的意图。此外，《重刊宣言》致敬前主编，并表达了眷恋和感激之情，可见此时仍未找到合适人选，隐晦地透露：

> 要继续欧教授的工作，不是一件轻易的事情。因为欧教授是本刊最适当的主编者，他对于欧洲全部文化既非常透彻，中国的语言习惯又都熟悉。我们明知困难当前，但仍决定本着创办者的精神续出本刊。②

冯至自述于民国二十五年（1936）暑假后任职，③相关信息也见于姚可崑的回忆。④当年9月，冯至担任大学部德语教授，兼任同济大学附设高级中学及德语补习班主任。⑤这表明，德文月刊社与学校教务处勠力同心，复刊工作经铢寸累积，在先生赴任前已有水到渠成之势，故复刊号并无先生痕迹。论及文学修养和德文水平，冯至作为享有名气的诗人和留德博士，都能胜任主编一职，且身为附中主任，担任主编也是其职责所在。可以想见，

---

① 同济大学中学部德文月刊社：《重刊宣言》，第1—2页。

② 同济大学中学部德文月刊社：《重刊宣言》，第2页。

③ 参见冯至：《诗文自选琐记（代序）》，载刘福春主编：《冯至全集》第二卷，河北教育出版社1999年版，第169页。

④ 姚可崑：《我与冯至》，第55页。

⑤ 朱大章：《携妻抱女流离日：冯至与同济共患难的岁月》，《档案春秋》2015年第9期，第23页。

冯至在月刊社和教务处的请求下挂帅。故自民国二十五年十一月（1936 年 11 月）起，"Feng Tscheng-Dsche"（冯承植）一名出现在第三卷第二期至第十期封二上，如图 15 所示。

德　文　月　刊
Deutsche Monatsschrift
*Herausgegeben von dem*
"VEREIN DEUTSCHE MONATSSCHRIFT"
Staatliche Tung-Chi Universität,
Schriftleiter: Dr. Feng Tscheng-Dsche
Woosung, China.
**3. Jahrgang, 2. Heft.**
November, 1936

图 15　第三卷第二期出版信息页

换言之，冯至主编了第三卷第二期至第十期，而非第三卷全部卷期。第一期发行后，月刊社为新主帅的到来感到庆幸：

> 顷悉三卷二期，于该刊主任编辑冯承植博士领导下，不久即将出版。……该刊主任编辑冯教授以专攻德国文学哲学之资，出编德文月刊，吾人不禁为该刊前途庆也。①

面对前文所提稿源紧张的情况，冯至从所得教学经验和素材中辑录德文知识并提供给由己主编的月刊也是情理之中。在《德文月刊》第二卷第五期，冯至分两篇辑录了《德语成语类编》（*Deutsche Redensarten, nach Sachgruppen angeordnet*）。作者一栏标明"冯承植辑"。德文"Redensart"可解作"谚语性成语"或"习惯用语"。汉语成语通常为四字，而德文习惯用语通常为

---

① 《德文月刊扩充内容》，第 6 页。

动词搭配介词词组或名词。在第五期，冯至按"思想"（Denken）、
"考虑、思量"（Überlegen）、"注意"（aufmerksam）、"不注意、忽略"
（unaufmerksam）、"意见"（Ansicht）、"知识"（Kenntnis）、"教"（Lehren）
和"学"（Lernen）辑录了73条德文成语。在第六期，冯至按"记
忆"（Gedächtnis）、"忘却"（Vergessen）、"惊奇"（Überraschen）、"失
望"（Enttäuschen）、"聪明"（Klugheit）、"愚蠢"（Dummheit）、"狡猾"
（Schlauheit）辑录了58条成语。从德语学习的视角来看，冯至先
生辑录的成语到现今仍未过时，仍可为德语学习者的辅助材料。

　　民国二十八年八月（1939年8月），冯至辞去同济教职，结束
了中学德文教学生涯，转入西南联大，进入文学创作的旺盛期。
我们可发现，其教学显然被诗才遮蔽。《德语成语类编》虽非文学
作品，系教辅类辑录文字，但承载了教学心得，说明先生在德语
基础教学上下过不少功夫，并告知我们：冯至先生亦是一位师者。

## 第三节　译者群体与翻译观

### 一、译者群体与魏以新

　　翻译是《德文月刊》特别重要的一个工作环节，也是其
特色。其译者群体可分为两种：一是德国汉学家，如卫礼
贤，主要出现在汉译德的篇目里；二是中国译者，其中有郭
沫若、王光祈等译者，也有同济大学师生，如俞敦培[①]、汤元

***

[①]　关于俞敦培的相关文献稀少，从他译著的为数不少的医学文章（如《滋补药效力
之研究》，《社会医报》1931年第152期，第2392—2394页），笔者推断他结束中学部
的学习后，投身医科的学习。

吉、唐哲、养浩、秦光弘、孙毓驯、万圣聪、王世琦等。

同济大学师生是较为稳定的翻译群体,《德文月刊》为他们提供了翻译练习的园地。较为突出的例子是下文着重提到的魏以新。魏以新,原名魏以恒,曾用墨浓、希葛、君暮等字、号,平斤及志疗等笔名。他思想进步,五四运动前后结识恽代英,[①]参加由其领导的互助社、启智图书室和利群书社,[②]曾秘密加入社会主义共青团。在同济大学中学部毕业后,魏以新在图书馆工作,自民国十三年(1924)起兼任中学部教师,也是"德文月刊"编辑部的主要成员。魏以新与《德文月刊》的创办有直接关系。前文已提,据陈少康回忆,魏以新与几位同学"发起"[③]创办该刊,请欧特曼担任主编。魏以新参与了全三卷的编辑和翻译工作,是该刊运行的中坚力量。

经过锤炼,加上欧特曼的指导,魏以新成长为中国的德语翻译家,成果颇丰,译有《战争》(1930)、《闵豪生奇游记》(1930)、《兴登堡自传》(1934)、《欧战时之德国》(1938)、《德国史略》(1939)、《斯托姆小说集》(1939)以及下文详细提及的《格林童话全集》等。民国二十三年(1934)魏以新将《兴登堡自传》寄给德国总统兴登堡,获得一封亲笔回信:

> 尊敬的魏以新先生:承赠我著《我的大事纪要》汉文译本一册,并在书中题了亲切的献词,我对你向我表示的敬意,致以极诚恳的感谢。我已高兴地把该书藏到

---

① 《德文月刊》第二卷翻译和刊登恽代英的文章,看来这种选稿倾向与魏恽之谊或有渊源。
② 参见陈绍康:《魏以新二三事》,第 261 页。
③ 陈绍康:《魏以新二三事》,第 262 页。

我的图书室里去了。

　　顺致友好的问候

　　　　　　　　　　　　　　　　兴登堡（签字）①

　　除此之外，魏以新与俞敦培合译桑德满（Hermann Sander，1884—1960）《德文入门》，还在欧特曼的指导下编写了《中译德文书籍目录》，对中德文学文化交流颇有贡献。

## 二、"直译之弊"

　　《德文月刊》在同页中德对照的形式决定了译者倾向于直译。在当时的语境中，译者也"身不由己"地参与直译与意译的讨论。晚清至民国时期，翻译渐盛，翻译理论渐成雏形，翻译技巧讨论渐长。严复提出的"信达雅"成为中国现代译介理想的里程碑，与此同时，直译和意译之争从未有定论。意译是一种自由的、创作性的翻译方式，代表人物是林纾；直译更倾向于对应原文内容，代表人物是周氏兄弟。陈平原曾论：

　　　　"直译"在清末民初是个名声很坏的术语，它往往跟"率尔操觚"、"诘屈聱牙"，跟"味同嚼蜡"、"无从索解"，跟"如释家经咒"、"读者乙莫名其妙"联系在一起。②

　　实际上，当时的翻译界对直译和意译并没有统一的定义，陈平原继而解释所说直译，指"初学者一字一词的对译，应是后来所说的'硬译''死译'"③，这与当下的直译有所不同。尽管如此，意译在清末民初仍占据主导地位。从史料来看，在民国时

---

　　① 转引自陈绍康：《魏以新二三事》，第262页。
　　② 陈平原：《二十世纪中国小说史》第一卷，北京大学出版社1989年版，第37页。
　　③ 陈平原：《二十世纪中国小说史》第一卷，第37页。

期，除了耳熟能详的大家，如鲁迅、周作人、郑振铎等，对此发声
之外，年青一辈的德语学人也曾阐发见解和参与讨论。《马利亚·
抹大累纳》的主译俞敦培在剖析黑贝尔（Friedrich Hebbel，1813
—1863）剧作思想后写道："译文之方法有二，一曰意译，一曰直
译，意译求其达，直译求其能解释原文，予读者以便利。"[1]俞敦
培显然受了严复"信达雅"翻译评判观点的影响，赞成意译是为
了"达"。俞敦培采用直译，注重"句句对照"，得到的结论是"完
全直译绝对不可能是也"[2]，他分析直译之弊端：

> 直译之弊，在于但只注意单字及文法上之排列，而
> 忽略意义上之结构，结果成为字典式之翻译，存其皮毛
> 而远其神态，读之索然无味，盖字句仅为表现思想之工
> 具，同一思想，而表现之方式，所谓语气风味者，中外
> 实难强同，思想虽藏于字句之间，然为整个的、流动的，
> 不可分析，惟能以心理感觉之……[3]

俞敦培认为对照式翻译最终导致译者注重字词的排列和语
法的对错，忽略文学思想之传达，中西差异迥然，然而"传神"
的关键不在于能否一一对应翻译。中德对照的形式"剥夺"了
俞敦培施展译者自由的空间，想必他在对照着直译时会有词不
达意的遗憾，心生隔靴搔痒之感。在直译和意译之外，俞敦培提
出"理性"的翻译观：

> 而翻译之使命，必非为字句之意义乃引渡此种原

---

① 俞敦培：《译余言謄》，《德文月刊》第 1 卷第 12 期，第 421 页。
② 俞敦培：《译余言謄》，第 421 页。
③ 俞敦培：《译余言謄》，第 421 页。

文之思想也，是故译者译文须先彻底了解原文之意义，字里行间，已无半点疑惑，然后融会于心，揣摩中文之语气，笔而出之，经此一番融化，则所译之文，自有整个的、流动的原作之思想存于期间，必无晦涩难明之处矣，此种翻译，可名之曰理性的翻译。①

俞敦培倡议，译者在完全了解原文后，将原文之意义渗透至中文中，达到译文与原文的一致，完整并且将原文中变化的"神"传达出来，从而达到翻译的理想状态。

四年后，《悔罪女》第一译者汤元吉在所译《春醒》（1928）前言中进一步讨论直译和意译：

……说到译书的问题，常见有直译和意译之争，据我看来直译至低限度也要做到信、达两个字；那末这和意译究竟有什么分别呢？举一个浅近的例来说：如果现在有一位西洋人翻译中国"原璧奉赵"这句话，他不老老实实的译作"奉还"两个字，偏要照着原文译为"原璧奉赵"然后再加上许多的注解，这种直译的方法，岂不是世间第一等笨伯做的事吗？②

汤元吉紧接着大篇幅地援引"朋友"俞敦培的《译余言賸》，③一来可见两人确实交情匪浅，二来汤元吉明示对其观点的

---

① 俞敦培：《译余言賸》，第 421 页。
② 汤元吉：《译者序》载［德］卫德耿：《春醒》，汤元吉译，商务印书馆1928年版，第 7—8 页。
③ 汤元吉写道："我的朋友俞敦培在《德文月刊》第一卷第十二期，有这么一段很重要的谈话……"，在这之后，汤元吉大篇幅地引了俞敦培质疑直译的翻译理念，参见汤元吉：《译者序》，第 8 页。

认同。汤元吉批判译者曲解直译之意，死板地对照翻译，无法达到信与达。汤元吉公然反对直译，认为"直译云云，简直是一个不通的名词"①，但他也批驳将意译理解为"任意翻译"②的观点，认为意译也要实现信与达。

值得说明的是，《德文月刊》译者众多，并不存在一以贯之的翻译策略。译文始终介于"归化"和"异化"之间。异化的译文不少见，而归化的翻译也见诸其间。如第二卷译贝内迪克斯（Roderich Benedix，1811—1873）的《诉讼》，若说人名"施而采"（译自 Schulze）和"刘麦痕"（译自 Lehmann）不够中国味的话，那么 Lohmeier 译为地道的中国名"陆美河"，则是归化机制起了作用。

## 三、倡导直译

在第三卷第四期，冯可大翻译莱茵瓦尔德的《关于中文德译的一些指示》（*Eine Winke für das Übersetzen aus dem Chinesischen ins Deutsche*）中讨论了中文德译，重拾直译和意译的讨论。翻译被视为"最不容易而又有益处的练习"③，认为"简单的中国故事应先行直译然后正确地意译"④。直译是翻译的第一要则："只要可能，就应该直译！原文中的时间和句法都不要无故变动；每个字意、时式和神情，是否与原文一致，是要顾虑到的。"⑤在处理中德文的差异时，莱茵瓦尔德认为意义不吻合是"无足为怪"，建

---

① 汤元吉：《译者序》，第9页。
② 汤元吉：《译者序》，第9页。
③ ［德］莱茵瓦尔德：《关于中文德译的一些指示》，冯可大译，《德文月刊》第3卷第4期，第123页。
④ ［德］莱茵瓦尔德：《关于中文德译的一些指示》，第123页。
⑤ ［德］莱茵瓦尔德：《关于中文德译的一些指示》，第124页。

议用"括弧注释"或"用脚注"[1] 说明。

莱茵瓦尔德在《翻译的习练》( Übung im Übersetzen ) 中，提出中译德的"阶梯"式进程：

　　1. 叙出通用之德文字。

　　2. 用此等字组合成句。

　　3. 表出在此种情形下最适宜之德文字。

　　4. 其他的变形，如字之加减，正副句子之组成是也。[2]

其中"通用""最适宜"这些标准其实包含选的意味，作者提倡的直译，不是机械的直译，而是一种灵活的、可变通的翻译方法。值得一提的是，莱茵瓦尔德还区分了"Übertragung"和"Nachdichtung"。前者是"一个自由的译翻"；后者是"一件文艺品的很自由的诗人的……攻作"[3]。

## 第四节　影　响

《德文月刊》创办后，在国内引起关注，《时报》等刊文介绍。民国十四年（1925），时值《德文月刊》创办一年。德国媒体已注意到这份刊物。《东方舆论》( Ostasiatische Rundschau ) 刊登文章《远东协会报道》，其中一节专门介绍这份刊物，对其内容的实用性、丰富性和文化性大加赞赏。至于文章的翻译难

---

① 〔德〕Rheinwald:《关于中文德译的一些指示》，第 124 页。

② 〔德〕Rheinwald:《翻译的习练》，冯可大注释，《德文月刊》第 3 卷第 9 期，第 266 页。

③ 〔德〕Rheinwald:《什么译成了德文》，第 169—170 页。

度，文章向德国读者作出公允的评价："任何对将德文论文、谈话等以可靠和符合原意的方式翻译成中文所涉及的困难有所了解的人，都不会低估出版该杂志的工作量，都会因此知道感谢欧特曼教授的无私。"①

从销量也可以看出刊物的影响。德文月刊社曾述："月刊每期印一千，除与人交换外，平均仅售出五百本。"②作为学习刊物，能有这样的销量，确属不易，并在很短时间内"渗透至到处有德语学习者的地方"③，影响力可见不小。复刊后受到"国内外读者热烈爱护"④，订阅量不断攀升。

月刊社为了扩大影响，有意增加译者储备，曾在第二卷第一期向同济大学中学部和德文补习科学生以《王冕的少年时代》（《儒林外史》第一章节录）悬赏征文，在第四期公布结果，并刊登优秀译文，目的在悬赏结果揭晓时挑明："望读者比较观之，想必能得许多方法和兴趣。"⑤

从下面几位读者的回忆可看出，《德文月刊》不仅影响德文学子，还使业余学习者受益。凤山陆军军官学校教授段其燧曾就读同济大学，高度评价月刊内容："水准很高，每期都有德译的孟子聊斋等。"⑥一位清华大学校友曾回忆学习期间阅读月

① „Bericht des Verbandes für den Fernen Osten E. V. über das Geschäftsjahr 1924 ", in: *Ostasiatische Rundschau*, 6:4, April 1925, S. 66.

② 德文月刊社：《德文月刊之过去与未来》，第269页。这篇文章产生于民国十七年（1928），文内印数指的是第一卷和第二卷的情况。另有750份订阅之说，参见 „Bericht des Verbandes für den Fernen Osten E. V. über das Geschäftsjahr 1924 ", S. 66.

③ „Bericht des Verbandes für den Fernen Osten E. V. über das Geschäftsjahr 1924 ", S. 66.

④ 同济大学中学部德文月刊社：《编后》，《德文月刊》第3卷第6期，第198页。

⑤ 同济大学中学部德文月刊社：《致读者》，《德文月刊》第2卷第4期，第179页。

⑥ 段其燧：《杂忆同济》，载黄昌勇、干国华编：《老同济的故事》，江苏文艺出版社2012年版，第118页。

刊。① 著名经济学家张培刚详述自己如何受该刊熏陶：

> 同济大学"编辑出版了《德文月刊》杂志，对教育界和学术界作出了很大贡献。我在大学四年级就开始订阅这份杂志，大学毕业后我仍然继续订阅，大大有助于我的德文自修，直到……停刊为止。由于大学时打下的根底，加上毕业后的连年自修，使我后来在工作中，就已经能够用德文阅读专业书刊了"②。

由此可见，《德文月刊》不仅影响了德语语言文学的学习者，而且对其他专业领域的学子也有助益。

---

① 回忆片段如下："我曾在这段学习期间，浏览过《茵梦湖》《海涅诗选》和《德文月刊》等一类书籍，直到现在还记忆犹新。在大学里，我们除学习自己的专业课以外还学习文科方面的课程，同时学校也要求文科的学生选学理科的课程，以此来扩大学生的知识面，打好基础。"参考侯竹筠、韦庆媛：《不尽书缘：忆清华大学图书馆》，清华大学出版社2001年版，第17页。

② 武汉大学校友总会编：《武大校友通讯2007年第二辑》，武汉大学出版社2007年版，第39页。

# 第三章　德语文学东传

## 第一节　古典作家译介

### 一、"古典的""可师法的"

　　民国延续了晚清初兴的"西学东渐"浪潮，文学翻译层出不穷。到了20世纪20年代，翻译活动一度繁荣，预示着翻译"高潮"[①]的降临。歌德、席勒等文学家的作品被大量引进。就《德文月刊》译介的文学家而言，作家群涵盖面广，从中世纪的骑士爱情诗著名诗人福格威德的瓦尔特（Walther von der Vogelweide，约1170—1230）到20世纪的路德维希·托马（Ludwig Thoma，1867—1921）都有涉猎。值得注意的是，在译介数量如此之多的德语作家中，在这一阶段颇受国人"器重"[②]的海涅（Heinrich Heine，1797—1856）在这份刊物中却付之阙如。

　　"崇古尚今"是《德文月刊》，特别是第一、二卷译介的主导思想，这可追溯至欧特曼对古典的看法。欧特曼曾用德国语文学的经典治学之道追溯"古典的、经典的"（klassisch）拉丁语词义：这个概念"在纪元前六百年古代罗马用以称呼人民中各种纳税

---

　　① 卫茂平：《德语文学汉译史考辨：晚清和民国时期》，上海外语教育出版社2021年版，第16页。

　　② 卫茂平：《德语文学汉译史考辨：晚清和民国时期》，第17页。

阶级的"①。欧特曼进一步指出 古典作品虽往往较古老，但年代并不是衡量的绝对值。随着概念的"扩大化"，18 世纪下半叶可称为德国文学的"die klassische Zeit"（古典时期），克洛普斯托克（Friedrich Gottlieb Klopstock, 1724—1803）、莱辛（Gotthold Ephraim Lessing, 1729—1781）、维 兰 德（Christoph Martin Wieland, 1733—1813）、赫尔德、歌德和席勒可称为"超绝一切"的作家。至于这六位作家对后世的影响，欧特曼客观地评判：

> 虽然歌德死后未及百年，但此数诗人中已有一二为德人所不常言者，如克洛卜斯托克与薇兰（指维兰德，笔者按）是；……只有歌德、席勒尔（指席勒，笔者按）的重要著作则不然——霞兴（指莱辛，笔者按）则逊一步，赫尔德更难与之比拟……不但在德国文学中，就是在世界文学中，他们不有永远存在的价值。②

在这些经典作家中，歌德和席勒的影响已超越民族和时间的界限。不仅在德国民族文学，而且在世界文学中"有永远存在的价值"。③古典的意义和价值在于"可为模范，为师表，为仪型的"，而古典作家之作是"优美无比，不可企及，足以师表万世

---

① ［德］欧特曼博士：《Klassisch 是什么？》，魏以新译，《德文月刊》第 1 卷第 10 期，第 309 页。

② 德文原文为："Trotzdem noch nicht einmal hundert Jahre seit Goethes Tode verflossen sind, treten selbst für den Deutschen schon ein paar von diesen Dichtern in den Hintergrund, insbesondere Klopstock und Wieland［…］Bei den Hauptwerken Goethes und Schillers dagegen— in einem gewissen Abstande auch Lessings und, noch etwas schwankender, Herders — hat man das Gefühl, daß sie nicht nur für die deutsche Literatur, sondern darüber hinaus für die Weltliteratur von bleibender Bedeutung sind." 中德引文参见［德］欧特曼博士：《Klassisch 是什么？》，第 311—312 页。

③ ［德］欧特曼博士：《Klassisch 是什么？》，第 311 页。

的"①。可见,《德文月刊》译介大量经典作家的作品,是因为重视这些作品的模范作用,希望它们扮演"师表"的角色,起到启蒙作用,引领德语学子。

此外,欧特曼指出,广义上来说,19 世纪的"大师"和"超群绝伦的文学家",只要可效法,也可被视为"经典的"②。欧特曼着重指出,施托姆(Theodor Storm,1817—1888,又译为斯托姆)和黑贝尔便属于这类作家。不难理解,第一、二卷对他们多加关注,进行大篇幅的翻译。

## 二、莱辛

莱辛是德国启蒙运动时期的文学大家,也是文学理论家和著名剧作家。歌德和席勒在清末便进入国人视野,莱辛为国人所知始于民国时期。③两相比较,莱辛译介在时间上晚了一步,且一开始受到重视的,不是他的传世名剧,而是其文学理论。民国十八年(1929),值莱辛诞辰两百年,"中国比较文学之父"吴宓撰长文介绍莱辛,高度肯定了其文学批评才能,誉《拉奥孔》(*Laokoon*)为美学理论名作。但对其文学才华,吴宓持保留态度,认为其文学作品"皆以工力见长,而缺乏诗人之天才",特别指出其代表作《智者纳旦》(*Nathan der Weise*)"为教说之工具,而乏文学价值"④。

《德文月刊》虽只刊莱辛《智者纳旦》片段,但作出的评价极高:莱辛是"der klassische Schriftsteller"(经典作家),"学问渊

① [德]欧特曼博士:《Klassisch 是什么?》,第 310 页。
② [德]欧特曼博士:《Klassisch 是什么?》,第 312 页。
③ 国人对莱辛的认识"或许要追溯到1924年",参见卢白羽:《莱辛研究在中国》,《同济大学学报》(社会科学版)2018 年第 2 期,第 19 页。
④ 吴宓:《述学:德国大批评家兼戏剧家:雷兴诞生二百年纪念》,《学衡》1929 年第 68 期,第 9、12 页。

博",是"德国文学的领袖,又是戏曲的鼻祖"①。这一评论大可与吴宓作出的"重文评轻文作"的评价相抗衡。

莱辛名作《智者纳旦》"教人以各种宗教应互相容纳,不应互相排斥"②。译文出自第三幕第七场,以《三个戒指》(*Die drei Ringe*)为标题,围绕戒指的寓言,将萨拉丁与纳旦的对话呈现在读者面前。主编认为这一场是莱辛剧作"最紧要处",传授的道理是:"宗教的真义是一样的,都是依一种至理而得的,人也不能分他们的真假,戒指是指宗教,儿子就是教徒。"伊斯兰教、基督教和犹太教之间"不要相互排斥",要"依真理","用忠心的、温和的胸襟"待人处世。③虽然译文只是片段,但传达了正面的微言大义。就莱辛在华译介史而言,《智者纳旦》核心部分的翻译也弥补了民国时期莱辛剧作汉译鲜少的遗憾,也为戒指隐喻的阐释添上一笔。

## 三、歌德

歌德在华译介史肇始于晚青李凤苞《使德日记》(1878),④迄今已有近一个半世纪。就学术史而言,自早期阿英之文《关于歌德作品初期的中译》(1957)发表至今,歌德译介研究至少一甲子,但《德文月刊》中的歌德译作,鲜少被德语文学译介史论及。⑤下

---

① 〔德〕莱辛:《三个戒指》,守拙译,《德文月刊》第1卷第3期,第67页附注。
② 〔德〕莱辛:《三个戒指》,第67页附注。
③ 〔德〕莱辛:《三个戒指》,第72页附注。
④ 虽然学界试图将歌德译介史再往前推进,但明确提及歌德的史料确为《使德日记》,参见顾正祥:《自序(续编)》,载顾正祥编著:《歌德汉译与研究总目(续编)》,中央编译出版社2016年版,第Ⅵ页。
⑤ 然而无论卫茂平的《德语文学汉译史考辨》(2003),抑或杨武能先生的《歌德与中国》(1991年出版,2017年修订),均未涉猎《德文月刊》的史料。游走中德两地的顾正祥先生耗时七年,盘查各方资料,于2009年出版《歌德汉译与研究总目(1878—2008)》,遗憾的是,并未涉及《德文月刊》中的歌德译介。这一空白在其《歌德汉译与研究总目(续编)》(2016)得以部分弥补,收录七条刊登在《德文月刊》的史料条目中,参见顾正祥编著:《歌德汉译与研究总目(续编)》,第7、8、81、113、437页。

方将爬梳《德文月刊》的文学史料，整理歌德汉译情况，以期补
遗和考辨。

20世纪二三十年代，随着"以歌德为中心"[1]的《三叶集》
（1920）出版，歌德译介进入高潮期，[2]歌德作品可谓"蜂拥而
入"[3]。在"歌德热"的氛围中，《德文月刊》，特别是其前两卷，展
现了译介歌德的热情。李凤苞在日记中将 Goethe 记为"果次"，
与之相较，《德文月刊》中 Goethe 译名更接近现译，一开始译
为"哥德"，后改为现下约定俗成的"歌德"，应与当时歌德译名
接轨。

《德文月刊》强调歌德的教育意义。第二卷第三期刊登德国
作家鄂图·伊倡斯特（Otto Ernst，1862—1926）评论歌德的文章
《余所获益于歌德者》（*Was ich von Goethe gelernt habe*）。该文高
度评价歌德，从择稿可见编辑部对歌德的推崇。伊倡斯特作为作
家，熟稔歌德的作品，自述每年读一次歌德略传。他作此文旨在
评价歌德的为人和生平，突出歌德的努力。歌德一生，被"惊奇
而不怠之猛进精神"所支配，于他而言，如同"始终如一完善一
致之艺术品"；而其"晚年努力自修之行为"，使人"张目"。[4]

从歌德译文定量属性来看，三卷共收歌德译文24条。其中，
第一卷数量优势明显，共16条；第二卷居其次，共九条；第三
卷仅两条。值得一提的是，编辑部取材和编排相对自由，如《诐

---

① 田寿昌、宗白华、郭沫若：《三叶集》，安徽教育出版社2000年版，第3页。

② 参见杨武能、莫光华：《歌德与中国》（新版插图增订本），四川人民出版社2017
年版，第144—187页。

③ 卫茂平：《德语文学汉译史考辨：晚清和民国时期》，第17页。

④ ［德］鄂图·伊倡斯特：《余所获益于歌德者》，涂鼎元译，《德文月刊》第2卷第3
期，第129、131页。

说嚣张》(*Irrtum Obenauf*, I. 5: 177)一文原出自《歌德谈话录》(*Gespräch mit Goethe*)的一次对话。编辑部截取片段，重新编辑为格言，添加标题，作为补白呈现。正因为这个原因，箴言大多未登目录页，削弱了箴言的"存在感"。

在23条译文中，歌德箴言共14条，悉数作为补白。格言有启智作用，体现人生智慧和道德宣扬，反映该刊的启蒙旨趣。编辑部在编排上尽量让补白接近前文主题，让歌德之言起到强调作用，如《孙中山先生致苏联遗书》(下文将详述)通过中德对照的方式介绍孙中山遗书，他已罹患不治之症，简短地介绍健康近况，期盼苏联继续支持中国。编辑部选择三则歌德涉猎国家和个人利益的箴言作为补白，有与孙文呼应之感。此外，两行歌德箴言诗并未单独成篇，出自贝伦子(在此文译为培仑子)在同济大学工科落成典礼时的致辞。贝伦子一开场援引歌德《掘宝者》(*Der Schatzgräber*)："白昼做工，晚间会客！辛苦数周，愉乐过节！"( Tages Arbeit, abends Gäste!　Saure Wochen, frohe Feste! )贝伦子释其义：

> 人不但只埋头工作，亦须了解人生之乐趣，然而于此热烈要求之中，亦寓有警戒之意。盖人欲心满意足地备尝佳节之愉快，必须先经忠诚之劳苦，然后方得斯权利也。①

这段话为工科落成典礼做了诗意的铺垫，体现了贝伦子的人文素养。

---

① [德]培仑子:《同济大学工科落成礼纪念》,谢维耀译,《德文月刊》第1卷第5期,第143页。

《德文月刊》共刊登七首歌德译诗。其中，两首为汉语首译。一首为俞敦培用诗歌体翻译的《猎户离别曲》[①]（*Jägers Abschiedslied*, II. 3: 120），俞译系该诗首译。译文语言优美，贴切诗歌原意，在随后的解释中，伯纳（H. Bohner）评价该诗为"不朽之诸恋歌中之一"，若通东方思想，则能洞察出"此诗与中国诗思想上稍稍相通之点"[②]。另一首为《In die Fremde wandern》（I. 6/7: 195），出自歌德《漫游之歌》（*Wanderlied*）第三诗节，译者不详，标题无汉译。另五首诗歌中，两首为梁俊青译文，一是用诗歌体翻译的《寻得矣》（*Gefunden*, I. 6: 218），二是《掘宝者》（I. 11: 386-387）[③]，系梁译版本的首次刊发，两首译诗皆非首译，《掘宝者》已有民国九年（1920）郭沫若译本，"Gefunden"一诗已有民国十年（1921）徐震寰所译《所得》。

其余三首为再次刊登的译文：郭沫若译《迷娘歌》（*Mignon*, II. 2: 69）[④] 和《渔夫》（*Der Fischer*, II. 4: 167）[⑤]；王光祈译《爱尔

---

① 歌德该诗首刊时标题为 "Jägers Abendlied"，后改为 "Jägers Nachtlied"（Vgl. Goethe: *Sämtliche Werke. Briefe, Tagebücher und Gespräche. Bd. 1 Gedichte 1756-1799.*（Hrsg. von）Karl Eibl, Frankfurt am Main: Klassiker Verlag, 1987, S. 945.），但未见 Jägers Abschiedslied，而诗歌后附上 H. Bohner 解析该诗一文亦提及标题为 "Jägers Abendlied"，不知俞译原文出处。

② 《德文月刊》第 2 卷第 3 期，第 120 页 H. Bohner 文，无标题。

③ 引人注目的是梁将第二诗节末尾诗行 "Schwarz und stürmisch war die Nacht"（钱春绮译 "风声凄凄，黑夜沉沉"，参见《歌德诗集》，钱春绮译，上海译文出版社 1982 年版，第 257 页）译为 "啊，这正是钟鸣十二的夜间"与原文相差甚远，不知是印刷错误还是译者有意为之。

④ 该译早在民国十二年（1923）登于《创造周刊》，比较两译本，只有一处细微差别，第二诗节诗句 "可怜儿，受了甚欺凌"（1923）改为 "可怜儿，受了什么凌"，只有一个"凌"字说不通，疑编辑错误。

⑤ 该译早在民国十二年十一月七日（1923年11月7日）在《神话的世界》（《创造周刊》第 27 期）上刊登。

王》①（*Erlkönig*, I. 12: 422-423，今译魔王）。其中，《迷娘歌》出自
《威廉麦斯透习业记》（*Wilhelm Meisters Lehrjahre*，今译"威廉·
麦斯特的学习时代"）。这部小说通常被定位为教育小说，而《德
文月刊》译文附注评之为"言情小说"，评迷娘为"德国文学中最
出名的一个人物"②。

　　歌德小说未见翻译，倒是名噪一时的剧作《浮士德》③片段由
俞敦培译出。这一节译被冠以《上帝》（*Gott. Aus Goethes Faust*，
I. 8/9: 292-293）之标题。节选的是"玛尔特的花园"中麦加累
（今译格蕾辛）与浮士德的宗教讨论。在脚注中，歌德被介绍为
"德国著名诗家之一"，《浮士德》"或为世界文学界中最雄壮最伟
大者"，"北京大学校长蔡元培先生亦极称之"④。面对信仰问题，
浮士德"乃自舒其理想之见地以作答，其欲籍上帝之信心举全宇
宙而灵化之意"⑤。俞译虽稍晚于郭沫若译《浮士德》中的"第一部
开场白"（1919）和"一切无常者"（1921），但也是这部分的首译。

　　文学作品之外，《歌德致一外文书》（*Goethe an einen
Ausländer*）一文为《歌德谈话录》歌德接见英国人 H. 先生的对话

---

　　①　这并非王译首次发表，该译于民国十三年十二月十五日（1924年12月15日）刊于
《德文月刊》，同年10月，王已在中华书局出版的《西洋音乐与诗歌》收录该译，后于民
国二十八年（1939）作为附录收入应时再版的《德诗汉译》。值得一提的是，《歌德汉译
与研究总目（1878—2008）》误将收录王译诗的《德诗汉译》归类在1914年之下，参见顾
正祥：《歌德汉译与研究总目（1878—2008）》，中央编译出版社2009年版，第5页。中
间小有讹误，应时1914年版《德诗汉译》并未收录王译《爱尔王》，1939年版收入该诗。

　　②　［德］歌德：《迷娘歌》，郭沫若译，《德文月刊》第2卷第2期，第69页。

　　③　有意思的是，《德文月刊》第二卷第一期刊登德语学习方法论的文章《怎样学习
德文》。文章认为："初学者绝不宜读《浮士德》，就是海涅的诗集也不是初学应用的
书"（An Faust sollte sich der Anfänger nicht heranwagen. Auch Heines Buch der Lieder ist
kein Buch für Anfänger, II.1:5）。

　　④　［德］歌德：《上帝》，俞敦培译，《德文月刊》第1卷第8/9期，第292页注一。

　　⑤　［德］歌德：《上帝》，第292页注一。

片段。歌德评论了德文及自己的作品，赞许到访者到德国学习德语的举动，认为："学好了德文，可以省却许多别的文字。"[1] 联系月刊的办刊宗旨，这部分选译可从侧面证明学习德语的优势，激发学生学习德语的积极性。译文还涉及《浮士德》《艾格蒙特》，可增进学生对歌德作品的理解。

从月刊的"生产"来看，参与编辑和翻译工作的不乏同济大学的师生，如俞敦培和梁俊青。梁俊青在 20 年代与指摘郭沫若《维特》译文，与郭论辩，后虽投身医学领域，但可从其诗歌译文中窥见其译才。

### 四、席勒之幸与不幸

《德文月刊》对这位"伟大的诗人"[2] 译介并不多，且篇幅不大。跟其他作者一样，席勒的译名并不统一，前后共有洗勒尔、席勒尔、许雷和席勒四种译名。第一卷第六、七期译席勒箴言，冠以"Der Mensch"（人）之题；第一卷第八、九期再译箴言《个人的义务》（*Pflicht für Jeden*）；第二卷第七期译箴言《何谓质朴》（*Was ist naiv*）。

复刊后的《德文月刊》译《席勒一百七十五周诞辰》（*Zu Schillers 175. Geburtstag*），谈其名剧《威廉·退尔》（*Wilhelm Tell*）时，文章交代：

> 席勒于德国之现在其意义更为重大，在彼之戏剧《威廉·特尔》（今译《威廉·退尔》，笔者按）中，他描写一个弱小民族在敌国压迫之下为解放而奋斗，在国家不统一而衰弱之际他未曾失却对祖国未来之伟大信仰。[3]

---

① ［德］歌德：《歌德致一外人书》，克闻译，《德文月刊》第 2 卷第 5 期，第 193 页。
② 《席勒一百七十五周诞辰》，唐坚译，《德文月刊》第 3 卷第 1 期，第 9 页。
③ 《席勒一百七十五周诞辰》，第 10 页。

　　这一点也正是此剧在 20 世纪上半叶受到多番译介的原因。20 世纪 20 年代，中国面临内忧外患的困境，而《威廉·退尔》中退尔带领瑞士民众摆脱外敌的殖民统治，成为独立的国家，其中的爱国热情和脱离外部钳制的情节鼓舞了不少国内文人。仲民于民国十七年（1928）读原著，感受如下：

> 　　好像我周身的血液曾经沸腾了不少的次数，热烈的情绪也时常随着他描写的深浅忽而紧张，忽而弛放。尤其是那从字里行间流露出来的一种自然的爱国心，诱出我不少的眼泪。①

　　马君武于民国十四年（1925）译出全剧，中华书局出版，译法较自由。而仲民在其书评中对马君武译本提出商榷，首先便将马君武译和郭沫若译剧中《渔歌》进行比较。其实这种讨论早在《德文月刊》也有隐晦的体现。第二卷第五期郭沫若节译《威廉·退尔》中的《渔歌》②（ *Lied des Fischerknaben* ），并在脚注中再引马君武译本，便于读者比较。

　　对于席勒的命运，编辑部有一段祸福因果辩证的论述。在第一卷第二期，守拙译威廉·封·洪堡（Wilhelm von Humboldt，1767—1835）的一则格言：

> 　　痛苦非尽不幸，

---

　　① 仲民：《读了马君武译的威廉退尔以后》，《泰东月刊》1928 年第 1 卷第 5 期，第 17 页。

　　② 卫茂平辑录《渔歌》由郭沫若、成仿吾（《德国诗选》1927 年版）共译，参见卫茂平：《德语文学汉译史考辨：晚清和民国时期》，第 292 页。现据此史料，应是郭沫若独译，且《德文月刊》刊登郭译早于上海创造社出版部结集出版的版本，但是否首次刊登，尚未可知。

> 侥幸非皆欢喜；
>
> 顺天命者，
>
> 祸福安之。①

编辑部在附注借着"天命"的话题，以席勒为例说明幸与不幸之间的关系：

> 又如德诗人 Schiller……早亡，享年只四十有六岁。
> 然生前著述颇佳，故得名播全球；若天假以年，而后此之
> 作品不如四十六岁以前之作，则恐氏虽享长寿，而其名
> 或不如今之为人人所熟知。夫氏之早世，其不幸也；然
> 享盛名则幸也；苟长寿，果幸也；然以长寿而不得享盛名
> 如早世，是又不幸也。是故氏之早亡，亦有幸不幸焉。②

编辑部显然在用这番幸与不幸之间变化的论述宽慰为席勒惋惜的读者。

## 第二节　浪漫主义及相关作品的译介

### 一、"纷乱而不可思议"

民国十年（1921），由郭沫若、成仿吾等人发起的创造社异军突起，翻译了雪莱（Percy Bysshe Shelley, 1792—1822）、拜伦（George Gordon Byron, 1788—1824）、海涅等人的作品，带来一

---

① ［德］W. v. Humboldt:《格言一则》，守拙译，《德文月刊》第1卷第2期，第57页。

② ［德］W. v. Humboldt:《格言一则》，第57页附注。

股浪漫主义译介热潮。<sup>①</sup>但这种热潮是短暂的，创造社成员对浪漫主义文学也缺乏深度的剖析和接受。宏观地来看，"五四"时代的国内文坛对浪漫主义文学的反应并不热烈，译介活动"相当疏怠无力"<sup>②</sup>。

当我们在近代文学译介的语境中审读《德文月刊》中与浪漫主义相关的文学史料之时，我们会发现，虽然登上《德文月刊》的浪漫派作家不算寥寥，但中长篇文学作品的译介数量不及后文论述的现实主义，除了与浪漫主义相近的克莱斯特的作品之外，便是格林兄弟搜集的传说和童话。而格林童话更多的是与该刊的启蒙宗旨相适，因而高居儿童教育的话语框架之中。

尽管如此，《德文月刊》的译介和论述，可为浪漫主义文学在华接受添上浓重的一笔。在论及反对歌德、席勒古典文体的派别时，欧特曼曾着重提到浪漫主义：

> 浪漫派所表示的思想，虽往往不鲜明，往往纷乱而不可思议，可是在许多方面看起来，已足令人感动而满足。他们的作品不是以优美的古代 klassisches Altertum 为基础，却是以本民族的古代、中世纪及那似乎多难以理解的自身想象为基础。他们久已正明他们存在的必要，因为有他

---

① 在论及对德国浪漫主义作家的接受时，国内学界不少文献将歌德、施托姆等作家列入其中，如《1898—1949中外文学比较史》(第246—247页)、《中国东方文学翻译史》(第175—176页)。但实际上，将歌德、施托姆视为浪漫派作家与其在德国文学史上的定位有所偏差。德国文学史书一般将青年歌德归入"狂飙突进"流派，成熟期的歌德被视为古典时期的作家，施托姆则是现实主义作家。另，海涅早期作品带有浪漫主义色彩，但他很快告别浪漫主义的风格。

② 范伯群、朱栋霖主编：《1898—1949中外文学比较史》(上)，江苏教育出版社2007年版，第243页。

们，欧洲又多一种精神运动，其支派衍流至今不绝。①

如前所述，欧特曼对古典文学是推崇备至的。与之相较，他对浪漫主义的态度是复杂的。其评价"纷乱而不可思议"对应原文为"verworren und mystisch"，意为"杂乱无章而又神秘莫测的"。这也道出欧特曼对浪漫派的文学是肯定之中裹挟着保留。在他主编时期，《德文月刊》对浪漫派的译介主要集中在格林童话上，涉及阿尔尼姆（Achim von Arnim，1781—1831）、沙米索（Adelbert von Chamisso，1781—1838）和科尔纳（Justinus Kerner，1786—1862）等作家的作品。克莱斯特（文中为克赖斯特，Heinrich von Kleist，1777—1811）虽不是浪漫派作家，但其部分作品也有浪漫主义色彩，因此也放入本章论述。

阿尔尼姆被介绍为与布伦塔诺（Clemens Brentano，1778—1842）和蒂克（Ludwig Tieck，1773—1853）并列的"浪漫派重要代表"②。编辑部引社累耳之文，评其文学活动："欲搜集民间歌谣及通俗小说，然有志未逮。"③第二卷第一期译其讽刺小说《破邮车》（*Die zerbrochene Postkutsche*，1818）。

法裔名作家沙米索的写作风格介于浪漫主义和现实主义之

---

① 德语原文的论述如下："Oftmals unklar, verworren und mystisch, aber doch in mancher Hinsicht anregend und befruchtend trugen die Romantiker ihre Gedanken vor, nicht ausgehend vom klassischen Altertum, sondern von der Vorzeit des eigenen Volkes, vom Mittelalter und von eigenen, oft schwer verständlich erscheinenden Phantasien. Sie haben inzwischen ihre Existenzberechtigung längst erwiesen, durch sie wurde Europa um eine geistige Bewegung reicher, die sich in ihren Ausläufern noch bis in die Gegenwart fortpflanzen." 中德文参见［德］欧特曼博士：《Klassisch 是什么？》，第 312 页。

② ［德］社累耳：《格利姆兄弟传》，魏以新译，《德文月刊》第1卷第12期，第407页注 22。

③ ［德］社累耳：《格利姆兄弟传》，第 407 页。

间，被评为"极特异之德国寺人"，第一卷第四期俞敦培译其"滑稽诗"①《凶恶的买卖》(*Böser Handel*)，第一卷第六、七期从《因奥托·封·皮尔希之死有感》(*Auf den Tod von Otto von Pirch*)中节选三句，加上标题"Die neue Zeit"，加以翻译。

科尔纳是施瓦本浪漫派的代表作家，第一卷第六、七期翻译了他的代表诗歌《锯轮机中之旅行者》(*Der Wanderer in der Sägemühle*)。这首诗系卡夫卡(Franz Kafka, 1883—1924)最喜爱的诗歌之一，②"德人莫不习之"③。诗歌押交替韵，韵律工整，语言优美，感性细腻。魏运维用诗歌形式译出，末节咏叹"四木观其堕，忧思满心填。/ 欲语咽不出，机轮为不旋"，④译出了诗歌中的淡淡忧伤。

## 二、格林童话

### （一）童话在近代中国

《儿童和家庭童话集》(*Kinder- und Hausmärchen*)由德国学者雅各布·格林(Jacob Grimm, 1785—1863)和威廉·格林(Wilhelm Grimm, 1786—1859)两兄弟收集和整理，初版于嘉庆十七年(1812)至嘉庆二一年(1815)间，俗称格林童话，经久不衰，在华译介逾百年，已是经典化的中西文化交流研究对象。要考察《德文月刊》中的译介，我们需先了解近代中国对童话的接受历程。童话在入华之初，面临文类混淆，与神话、怪谈混为一

---

① ［德］Ad. v. Chamisso:《凶恶的买卖》，俞敦培译，《德文月刊》第1卷第4期，第132页注1。

② Vgl. Hartmut Müller: *Franz Kafka: Leben, Werk, Wirkung*. Berlin: ECON Taschenbuch Verlag, 1985, S. 35.

③ ［德］J. Kerner:《锯轮机中之旅行者》，魏运维译，《德文月刊》第1卷第6/7期，第219页附注。

④ ［德］J. Kerner:《锯轮机中之旅行者》，第219页。

谈的局面。翻译家孙毓修曾将童话归于"神怪小说"（Fairy Tale）之列："日耳曼森林之中，幽灵玄妙童话小说之所窟穴也。乃有格列姆 Grimm 之大著作家出焉。"[①] 单篇首译格林童话的周桂笙在将格林童话及其他童话传说结集出版的《新庵谐译初编》（1903 年版）"自序"中强调：

> 虽然自庚子拳匪变后，吾国创巨痛深，此中胜败消息，原因固非一端。然智愚之不敌，即强弱所攸分有断然也。迩者朝廷既下变法之诏，国民尤切自强之望，而有志之士，眷怀时局，深考其故，以为非求输入文明之术断难变化固执之性。于是而翻西文，译东籍尚矣。日新月异，层出不穷。要皆觉世牖民之作堪备，开智启慧之助洋洋乎盛矣哉。不可谓非翻译者之与有其功也。[②]

周桂笙强调翻译对民众启蒙的作用，但至于童话的翻译，他谦虚地说道：编译此书，"则既无宗旨，复无命意，牛鬼蛇神徒供笑噱，又复章节残缺，言之无文，乃亦与时下君子所译鸿文同时并出，毋亦徒留笑枋于当世耶？"[③] 可见他将童话归入鬼怪传奇之列，认为它们只供娱乐，并无大的功用。而"章节残缺"道出周桂笙未能将故事和童话系统地译出的遗憾。

童话的教育功用是在新文学运动时期，随着儿童的"发现"，

---

① 孙毓修：《欧美小说丛谈》，商务印书馆1926年版，第62页。孙毓修之文于民国二年（1913）至民国三年（1914）间在《小说月报》上连载，民国五年十二月（1916年12月）出版单行本。

② 转引自周桂笙：《新庵谐译初编·自序》，载《吴研人全集·第九卷》，北方文艺出版社 1998 年版，第 303 页。

③ 转引自周桂笙：《新庵谐译初编·自序》，第 303 页。

迅速被发现和利用,由此掀起一股"童话热"。儿童承载着未来,儿童文学被视为中国社会"起死回春的特效药"[1]。中国急需以儿童为本位的文学,借用异邦文学不失为应急良策。周作人于民国七年(1918)撰文:"我们初读外国文时,大抵先遇见格林兄弟同安徒生的童话。当时觉得这幼稚荒唐的故事,没甚趣味……后来涉猎 Folk-lore 一类的书,才知道《格林童话集》的价值。"[2]周还认为,应给幼儿阅读适宜的童话。[3]童话,特别是格林童话,成为童蒙教育的"参考",是孩童的"精神食粮"。[4]民国十年(1921),郑振铎在为《儿童世界》撰写宣言时,宣告该刊选稿的一大来源是格林童话,意在改变"注入式的教育"[5],激发少儿的兴趣。郭沫若强调,人的"根本改造应当从儿童的感情教育、美的教育着手"[6],认为格林童话值得效仿。英文受众更广,但周作人多处述及童话时,特意使用德语词"Märchen",[7]而非英文名,足见其溯源之心和对德国童话的认可。德国的教育理念也激起回响。教育史学家雷通群民国二十三年(1934)介绍教育家齐勒(T. Ziller, 1817—1882)的理念:小学第一学年的儿童"值人类发

---

[1]　郭沫若:《儿童文学之管见》,载王泉根编著:《民国儿童文学文论辑评》,第66页。

[2]　周作人:《读安徒生的〈十之九〉》,载王泉根编著:《民国儿童文学文论辑评》,第957—958页。

[3]　周作人:《儿童的文学》,载王泉根编著:《民国儿童文学文论辑评》,第39—40页。

[4]　出自赵景深:《童话家格林弟兄传略》,载王泉根编著:《民国儿童文学文论辑评》,第999页。

[5]　赵家璧主编:载《中国新文学大系 第10集 史料索引》,上海良友复兴图书印刷公司1936年版,第84页。

[6]　郭沫若:《儿童文学之管见》,第66页。

[7]　在《童话略论》《童话研究》《神话与传说》等文章中,周作人都用德语名称"Märchen"一词补充说明。

达之第一阶段","重在想象的生活"①,应学习格林之十二童话。

晚清民国时期,约 30 位译者先后投身格林童话的译介;在出版形式上,报刊短篇和单行本共存;在出版地点上,形成以上海为要塞、多地出版的态势。② 参照源语言译出的标志性译文如下:王少明于民国十四年(1925)较早译出《格尔木童话集》;魏以新两卷本《格林童话全集》(1934)系近代最全德译汉版本,沿用至今。

### (二)格林童话与《德文月刊》

同济大学作为《德文月刊》的诞生地,与格林童话早就有交集。在始创时期,"德文医学堂"重视德语教学,使用德文原版教材。德文科以教授语言为重,沈德来博士③(Anton Schindler)从学堂创设至宣统二年(1910)在此执教,使用格林童话作为教材。④

另一位传授格林童话的教师是桑德满。他曾在青岛特别高等专科学堂任教,第一次世界大战爆发后应征入伍,被日军俘

---

① 雷通群:《西洋教育通史》,安徽人民出版社 2018 年版,第 239 页。

② 20世纪初,周桂笙(《新庵谐译初编》,1903 年)、孙毓修(《童话》,1909—1916)、沈德鸿(《童话》,1918 年)等译出部分篇目;20 年代涌现黄洁(《童话集》,1922 年)、安愚(《猫鼠朋友》,1923—1929 年)、赵景深(《格列姆童话集》,1928 年)、芳信(《狼与七匹小羊》,1924 年)等译文;30—40 年代,李宗法(《格林姆童话》,1933 年)、胡启文(《跳舞的公主》,1937)、于道源(《格林童话》,1936—1937 年)加入格林童话译者行列,添砖加瓦。具体可参见卫茂平:《德语文学汉译史考辨:晚清和民国时期》,第 97—102 页;付品晶:《格林童话在中国》,四川文艺出版社 2010 年版,第 177—194 页。

③ 沈德来生卒年不详,曾在北京大学预科任教,光绪三十三年(1907)至宣统二年(1910)在同济大学的前身上海德文医学堂德文科任教,参见李乐曾:《德国对华政策中的同济大学(1907—1941)》,第 309—310 页。

④ 杨东援主编:《同济大学志(1907—2000)》,同济大学出版社 2002 年版,第 728 页。

虏，后获释，于民国九年（1920）至民国十三年（1924）在同济大学中学部任教。[①] 他与欧特曼、魏以新都有合作，经常为《德文月刊》的语法和会话栏目供稿。[②] 桑德满著有《德文读本汉释》[③]（*Deutsches Lesebuch für Deutsch-Chinesische Schulen*，1913）、《德文入门》（*Kurzgefaßtes Lehrbuch der deutschen Sprache für Chinesen*，1922）等。前者标题可直译为"为中德学校所写的德文读本"，后者直译为"为中国人所写的简易教科书"，皆为中国德语学习者而作，都有初阶、简易、传播德国文化的特征。《德文读本汉释》第一册收129篇读本，共8篇选自格林兄弟的作品，其中5篇出自格林童话：《甜粥》（*Der süße Brei*）、《小牧童》（*Das Hirtenbüblein*）、《萝卜》（*Die Rübe*）、《兄弟三人》（*Die drei Brüder*）、《睡美人》（*Dornröschen*）。

　　早在第一卷，《德文月刊》已在译介格林童话。桑德满撰文《德语的略史》介绍格林兄弟，"曾经搜集并记载过民间的有名

---

　　① 其生平可参见 Wilhelm Matzat: Sander, Hermann（1884—1960），Lehrer an der DCH, https://tsingtau.org/sander-hermann-1884-1960-lehrer-an-der-dch/，2021 年 5 月 1 日。另有简短生平，可参见李乐曾：《德国对华政策中的同济大学（1907—1941）》，第 305 页。

　　② 桑德满生平可参见 Wilhelm Matzat: Sander, Hermann（1884—1960），Lehrer an der DCH, https://tsingtau.org/sander-hermann-1884-1960-lehrer-an-der-dch/，2021 年 5 月 1 日。另有简短生平，可参见李乐曾：《德国对华政策中的同济大学（1907—1941）》，第 305 页。

　　③ 参见［德］桑德满：《德文读本汉释》第 1 册，德华高等专科学校1913年版。学界也有该书名为《德文读本汉译》（A. B. C. Press, 1924）的说法，参见毛小红：《中国德语文教育历史研究（1861—1976）》，博士学位论文，上海外国语大学德语系，2014 年，"附录表格"。但从笔者掌握的材料来看，桑德满所编读本名称实为《德文读本汉释》，第一册初版于民国二年（1913），由青岛特别高等学堂（Deutsch-Chinesische Hochschule）印刷。

童话"①。第三卷的文章《德意志童话的故乡同风景》进一步点出格林兄弟将童话"大众化"②的建树。从具体的译文来看，第一卷共刊登格林兄弟《德意志传说》（*Deutsche Sagen*）中的三篇故事：养浩译《女沙》（*Der Frauensand*）、唐哲译《喜尔赛谟的玫瑰树》（*Der Rosenstrauch zu Hildesheim*）和唐哲译《公爵不受洗礼》（*Radbot läßt sich nicht taufen*）。

自民国十三年（1924）底，《德文月刊》大有隆重推介格林兄弟之意，选取了奥地利学者社累耳（Wilhelm Scherer，今译舍雷尔）《德国文学史》（*Geschichte der deutschen Literatur*）中专论格林兄弟的章节，由魏以新译出，加以篇名《格利姆兄弟传》（*Die Brüder Grimm*）。社累耳钦佩 18 世纪诗人生活态度"淡泊"，能觉察出"寻常和天然的简朴美丽"③。在他看来，格林兄弟"醉心于狂热的乐观主义"，"以纯洁的动机郑重地研究诗歌"，虽"境遇微贱，然而处之泰然"，④并盛赞："在研究学术上，有两种价值相等，不可缺一的条件……那便是雅各的'伟大的发现'与威廉的'系统的整理'。"⑤对威廉，社累耳的评价如下：

> 他（威廉，笔者注）知道什么是儿童所愿听的，他把这种童话用一律的体裁做出来，然而这是民间所固有，并不是他有意发明的。他从民间通行的传说中取得最优美、最真切、最可爱的特质，照着他个人精细的鉴赏，加以自由估价而整理之。阿尔寗、布稜他诺、提

---

① ［德］桑德满：《德语的略史》，唐哲译，《德文月刊》第 1 卷第 2 期，第 30 页。
② 《德意志童话的故乡同风景》，《德文月刊》第 3 卷第 2 期，第 51 页。
③ ［德］社累耳：《格利姆兄弟传》，第 408 页。
④ ［德］社累耳：《格利姆兄弟传》，第 408 页。
⑤ ［德］社累耳：《格利姆兄弟传》，第 405—406 页。

克<sup>①</sup>及其他诗人欲搜集民间歌谣及通俗小说，然有志未逮，他却把童话完成了。他重新把那湮没于下等阶级的、纯洁的儿童故事，介绍于全体国民，使其成为一种完善的文艺作品，即德国以外各国亦欢迎而仿效之。所以他为一德国通俗及儿童文学大家，又为一忠实的、述而不作的学者。<sup>②</sup>

　　社累耳欣赏威廉的鉴赏力及毅力，认为他重新发掘了被湮没的民间童话，并赋予之文艺价值。同济大学中学部采用桑德满《德文入门》《德文读本汉释》作为教辅材料，想必在课堂已传授童话素材，而《德文月刊》似有意配合课堂教学，添加童话元素。格林童话语言较易，因此被定位为低阶启蒙材料，如第二卷第一期目录对格林童话标以‘＊’，表示"内容较易，初学者可先读之"<sup>③</sup>。第二卷尤为关注格林童话，共刊登八篇译文，涉及七篇童话。具体如下：

表1　第二卷译格林童话总表

| 卷/期 | 篇名 | 译者 |
|---|---|---|
| 第二卷第一期 | Der Hund und der Sperling<br>犬与麻雀（今译"狗与麻雀"） | 秦光弘 |
| 第二卷第二期 | Aschenputtel（1）<br>秽婢<sup>④</sup>（今译"灰姑娘"）（一） | 唐哲 |
| 第二卷第三期 | Aschenputtel（2）<br>秽婢（二） | 唐哲 |

---

① 分别指的是浪漫派作家阿尔尼姆、布伦塔诺和蒂克。
② ［德］社累耳：《格利姆兄弟传》，第407页。
③ 《德文月刊》第2卷第1期，目录页。
④ 引人注意的是，刊登《灰姑娘》的两期均以灰姑娘之画为封面，增强直观性。

续表

| 卷／期 | 篇名 | 译者 |
|---|---|---|
| 第二卷第四期 | Die Bremer Stadtmusikanten<br>布勒门城的音乐家<br>（今译"不莱梅的音乐家"） | 孙毓驯 |
| 第二卷第五期 | Das Lumpengesindel<br>下贱东西（今译"二流子"或"无赖"） | 万圣聪 |
| 第二卷第六期 | Vom klugen Schneiderlein<br>聪明的小裁缝 | 王世琦 |
| 第二卷第七期 | Hans im Glück<br>亨斯之幸遇（今译"汉斯交好运"） | 虚无氏 |
| 第二卷第八期 | Tischchen, deck dich, Goldesel und<br>Knüppel aus dem Sack<br>小宝桌、金驴子、袋子里出来小棒子 | 徐德麟、<br>陈子元 |

　　前文所提，王少明较早从德语译出格林童话，其译本题为
《格尔木童话集》①，于民国十四年八月（1925年8月）在河南教育
厅编译处出版。学界据此已下论断，"王少明是第一个从德语直
译格林童话者"②。但其实从时间上来看，秦光弘所译《犬与麻雀》
于民国十四年一月（1925年1月）见刊，比王少明译文早了半年
有余。可以说，就单篇格林童话翻译而言，《德文月刊》上的译文
译自德语，且早于《格尔木童话集》。

---

　　① 《格尔木童话集》译者为王少明，收入《六个仆人》《苦儿》《铁韩斯》等10篇格林
童话。《译者短言》述《苦儿》和《铁韩斯》两篇已发表，但笔者遍寻不得，因此它们的
发表时间还有待钩沉。参见王少明：《译者短言》，载［德］格尔木兄弟：《格尔木童话
集》，王少明译，河南教育厅编译处1925年版，第2页。
　　② 付品晶：《格林童话在中国》，第27页。陆霞也有相同的看法："王少明译本——
这是格林童话汉译史上第一个依托原著德文版本的译本。"参见陆霞：《走进格林童话
诞生、接受、价值研究》，四川文艺出版社2012年版，第118页。

　　就寓意而言，《德文月刊》所选童话均积极向善：《犬与麻雀》教人善待动物，不做坏事；灰姑娘为人善良，获得幸福；布勒门城的动物音乐家团结一致，发挥长处，击败强盗；《下贱东西》警醒世人不要相信忘恩负义的无赖；拥有过人胆识的小裁缝用智慧解决难题，得到幸福；亨斯乐观向上，不计较得失；《小宝桌、金驴子、袋子里出来小棒子》的情节不失趣味，告诫孩子开动脑筋，战胜坏人。

　　月刊寄寓于树人，这与其旨趣相关。欧特曼为第一卷封面着意选取名画家阿诺尔德·波克林之画作，并释其义：

> 　　此画……名曰"希望"。"希望"乃表示一由天而降
> 接近人类之古代女神，左手持一棕枝，为和平之标识，
> 右手持灯，以喻人类精神之启明，和平与进步为人类之
> 希望。①

　　"启明"的原文为"Erleuchterung des menschlichen Geistes"，有开启民智之意。欧特曼以《德文月刊》为灯，如画中持灯使者，启蒙莘莘学子——中国的希望。月刊译者大多为同济大学学生，故该刊也是学子们的语言"练兵场"。如他所愿，学生译者们走上救亡救国之路。②秦光弘、屠哲、孙毓驯、王世琦③和徐德麟均毕业于同济大学医学部，后来投身国家建设。秦光弘在"一·二八"事变中赴前线抢救伤员，④后来任云南省立昆华医院首任院

---

　　① ［德］欧特曼：《封面画的说明》，《德文月刊》第 1 卷第 2 期，第 66 页。

　　② 上文的"虚无氏"本名不详，万圣聪和陈子元的生平不详。

　　③ 参见刘振元主编：《上海高级专家名录》第 1 卷，上海科学技术出版社 1992 年版，第 277 页。

　　④ 参见林章豪：《同济人的家国情怀》，载金正基主编：《同济的故事》，第 208 页。

长；① 唐哲曾任同济大学医学院教授；② 孙毓驯，"工矿泰斗"孙越崎三弟，③ 曾在同济大学医学院妇产科任教；④ 徐德麟曾担任浙赣铁路上饶诊所医师。⑤

### （三）对首部德译汉全译本的影响

《德文月刊》可以说是在华德人学术交往、中德文化交流的微观缩影。欧特曼与桑德满交往密切，两人在青岛和上海共事，相互参与。桑氏曾在《德文入门》"序言"中特别向欧特曼和魏以新致谢，⑥ 也为《德文月刊》供稿，而月刊间或指涉《德文读本汉释》⑦。前文所提《格利姆兄弟传》译者魏以新，正是执笔翻译《格林童话全集》之人。

如前所述，魏以新于民国九年（1920）入同济德文医工学堂求学，受业于欧特曼和桑德满。据魏以新本人回忆，其入学细节如下："我于民国九年自武昌到吴淞同济，由沈君怡先生引至欧特曼先生处，欧先生嘱桑德满先生试验德文后，即令插入德文科

---

① 参见谢本书、李江主编：《近代昆明城市史》，云南大学出版社1997年版，第226页。

② 参见《武汉文史资料》编辑部编：《武汉人物选录》，武汉市政协文史资料委员会1988年版，第38—40页。

③ 参见宋红岗：《孙越崎》，花山文艺出版社1997年版，第91—92页。

④ 参见《同济大学百年志》编纂委员会编：《同济大学百年志（1907—2007）》（上），同济大学出版社2007年版，第148页。

⑤ 参见黄华平：《近代中国铁路卫生史研究（1876—1949）》，合肥工业大学出版社2016年版，第64页。

⑥ 桑德满在初版序言着重感谢了欧特曼，在三版和五版的序言感谢了欧特曼和魏以新，参见［德］桑德满：《德文入门》，德商壁恒图书公司1931年版，第V和VIII页。

⑦ 如《德文月刊》第一卷第四期第132页的《凶恶的买卖》，参看《德文读本汉释》第2册。桑德满也为月刊提供稿件，如第一卷第11期第357—360页，魏以新译出桑德满之文《社会与个人》（*Die andern und ich*）。

三年级肄业。"①如前所述，欧特曼与魏以新亦师亦友，关系密切：

> 我于民国十三年兼任中学教务员，与先生同处一室，对于先生治学及处世方法，更有较大的认识。民国十六年，我曾一度离严学校，旋回校专任中学教务员，直至先生因病返国时，均同处一室，公毕时辄同行。②

魏以新是欧特曼的得力助手。欧特曼校对月刊译稿之时，他在侧相助，参与涉及格林兄弟的译文，熟知刊物所登格林童话篇章，那么后来全本翻译格林童话也是顺理成章之事。由此可见，近代首部德译汉全译本出自魏以新之手，是既定的"缘分"，是中德文化的一段因缘。

《格林童话全集》初版于民国二十三年八月（1934 年 8 月），彼时欧特曼已逝世，其实译文早在 30 年代初已完稿，小部分以单篇形式在报刊刊载③。魏以新嫡孙曾述出版周折：民国二十年（1931）夏天，译稿已送至商务印书馆，数月后淞沪抗战爆发，出版社受炮击重创。战事稍微平息后，魏以新"赶紧请人寻找，几经周折，终于找到被巨损的原稿，又经两周奋力弥补"④，最终得以面世。在初版"前言"，魏以新感谢业师助他译出疑难之处。⑤解疑答惑的具体情况见于魏以新的追思文：

---

① 魏以新：《忆业师欧特曼教授》，载《欧特曼教授哀思录》，第 32 页。
② 魏以新：《忆业师欧特曼教授》，第 33 页。
③ 如译文中的沃尔加斯特《格林兄弟传》已于 1931 年在《小说月报（上海 1910）》（第 22 卷第 6 期）刊载。
④ 冬冬（魏晔）：《〈格林童话〉译者介绍》，载［德］格林兄弟：《格林童话》，魏以新译，广西师范大学出版社 2017 年版，第 295—296 页。
⑤ 参见魏以新：《译者的话》，载［德］格林兄弟：《格林童话全集》上册，魏以新译，商务印书馆 1934 年版。

> 我因先生的鼓励与指导，七八年来于业余之暇译述约百万字，而《闵豪生奇游记》得先生逐句校改，格利姆童话全集内有以方言作成者数十章，德人懂者亦只十分之四，而我竟因先生之口授，得以全译，尤可铭感。我仅懂德文，所译之书，往往征引英法、希腊、拉丁各种文字以及冷僻典故，叩之先生，无不迎刃而解。[①]

欧特曼倾囊相授，答疑解惑，帮助魏以新忠实翻译。从上文也可读出，欧特曼不仅指导他翻译格林童话，而且鼓励他译出非常可观的文字。魏以新在早期译文《战争》《闵豪生奇游记》《兴登堡自传》《国防军》等的"前言"中无不感谢授业恩师的帮助。

根据"译者前言"[②]所述及正文前德国教育家沃尔加斯特（Heinrich Wolgast, 1860—1920）的"引言"，笔者推断魏以新参考的是光绪三十三年（1907）黑塞与贝克尔（Hesse & Becker）出版社发行的版本。魏以新译出沃氏引言、威廉的献词和附录十篇"儿童的宗教传说"，相当全面。在战火纷飞的年代，条件受限，实属不易。欧、魏二人孜孜不倦，成就中德文化合作的一段佳话。

当孤立的史料有机地拼贴，历史脉络被还原，格林童话在华流传史中呈现一种隐蔽的接受：在格林童话诞生的时代，童话是被启蒙运动排斥的对象，在19世纪转变为通识教育读本，成为青少年的精神食粮；来华传道授业的德人根据现代教育理念"移栽"知识，通过课堂教学、教辅材料、德语刊物等，传授德国文学文化，推动了格林童话的流传。

值得一提的是，魏以新所译"献词"和"格林兄弟传"颇有学

---

① 魏以新：《忆业师欧特曼教授》，第33页。
② 参见魏以新：《译者的话》。

术价值。威廉在"献词"中披露心迹，将童话比作一株"纯洁的花"[1]，以示珍视。沃氏"格林兄弟传"分析翔实，从格林兄弟的家乡情入手，介绍他们在布伦塔诺等人的启发下，"寻找有价值，但无人注意的古代德国诗歌"[2]；阐述他们在修订时，挖掘童话的学术和文学价值，赋予童话"教育书"[3]的意义。沃文援引威廉之言，强调法人入侵，德国危机四伏的历史语境：

> 我们黾勉研究古代德文，也帮助战胜了那时代的压迫。时事和回到严安的学术生活的需要，都无疑无二地唤醒了那久已被忘的文学；可是我们不只是在过去中找安慰，自然也盼望这种研究，对于改变不幸的时代，亦有益处。[4]

民国有志文人意在御侮自强，此言无疑能引起共鸣，也让格林童话与中国现实有了联系。沃文还考察格林童话各版本及其来源、童话的世界性、民俗学和童话观等，如今读来，仍未过时，可作为考察格林童话的诞生和流变的借鉴。反观当下，再版或重版版本[5]删减译文前后的副文本，如同去其枝干，失去历史语境，

---

① ［德］威廉·格林：《致阿尔宁夫人柏提那的献纳词》，载［德］格林兄弟：《格林童话全集》上册，第1页。

② ［德］沃尔加斯特：《格林兄弟传》，载［德］格林兄弟：《格林童话全集》上册，第6页。

③ ［德］沃尔加斯特：《格林兄弟传》，第20页。

④ ［德］沃尔加斯特：《格林兄弟传》，第7页。

⑤ 魏以新译本或许是再版和改编次数最多的格林童话译本，但现下大多只有正文，如东北师范大学出版社1995年版、广西师范大学出版社2017年版皆删去献词和格林兄弟传。

虽然更贴近儿童世界，但失却了学术价值。①

恩格斯曾论："历史事件似乎总的说来同样是由偶然性支配着的。但是，在表面上是偶然性在起作用的地方，这种偶然性始终是受内部的隐蔽着的规律支配的，而问题只是在于发现这些规律。"②梳理《德文月刊》译介格林童话的史料，溯流求源，可让我们在德人在华教育史、德人在华出版史以及德语文学译介史之间洞察隐蔽的关联，可发现，除参与翻译的国人之外，德人，特别是来华德国教师，深入地参与格林童话在华流传。

### 三、克莱斯特

克莱斯特在民国时期颇受关注。仲云于民国十三年（1924）在《读近代文学》中较早涉及这位作家，郁达夫称之为"薄命天才"③，一语点破这位德国作家的命运多舛。据卫茂平梳理，这一时期对其译介较多的有毛秋白和商章孙，后者于民国三十三年（1944）在《文艺先锋》翻译了《在圣多明阁之婚约》。④实际上，《德文月刊》第二卷第一期至第八期已加以翻译和连载，前三部分由唐文炳与袁文彬合译，后五部分由叶雪安翻译。标题译为《蛮岛定情记》（*Die Verlobung in St. Domingo*）。克莱斯特的剧

---

① 再观当下图书市场，所谓"全"字号格林童话，主要全在篇目，大多已略去前言和注释，整体多有残缺。或许过于学术，不利于童书的销售；或许也与翻译参考本有关，译者并非直接译自格林童话原版，而是参考后人主编的删减本。令人意外的是，2020 年，一部从英文译出的《格林童话初版全集》（*The Original Folk and Fairy Tales of the Brothers Grimm*）出版，较为全面地还原了初版样貌。迄今为止尚无来自格林童话德语初版的汉译全本。绕道英语，虽能补缺，但鉴于当下我国德语译者并非难觅之况，似为另一憾事。

② 《马克思恩格斯全集》第 21 卷，中共中央马克思恩格斯列宁斯大林著作编译局编译，人民出版社 2016 年版，第 341 页。

③ 转引自卫茂平：《德语文学汉译史考辨：晚清和民国时期》，第 156 页。

④ 参见卫茂平：《德语文学汉译史考辨：晚清和民国时期》，第 156—157 页。

作尤为有名，但《德文月刊》由于篇幅所限，选择这篇"不甚著名"的中篇小说。编辑部在附注简短地介绍他为"德国名诗人之一"："除戏剧外，其小说亦颇著名，氏于三十四岁时不幸以厌世自杀，故其著作不若他诗人之多"①。对于克莱斯特的写作风格，附注介绍如下：

> 氏虽生于浪漫主义时代，而作品则除少数含有浪漫彩色②外，戏曲小说均写实之佳品也，杰作 Michael Kohlhaas，写一男子诉讼不直，使人阅之勃然与不平之概，其感人之切，动人至深，诚有难以言喻者。③

克莱斯特的作品杂糅浪漫与现实主义的风格，难以明确归类。对于小说的情节及其产生的历史背景，《德文月刊》简短介绍如下：

> 描写一八〇三年海寘岛……黑人扰乱行为，其残忍横暴之气，令人毛发森然。在海寘岛上现在有二共和国，岛之西部者，名海寘，东者曰圣多明各……当法国大革命前，西部属法，东部属西班牙。海寘岛与其他西印度各岛黑人均为黑奴，而西班牙属者待遇较法属稍佳，至法国革命思潮输入时，遂纷纷要求解放，因此引起惨烈战争者不知几次。至一八〇三年，已入近世史矣，黑人的将军台沙沐始将全岛法人完全驱逐焉。④

---

① ［德］克莱斯特：《蛮岛定情记》，《德文月刊》第 2 卷第 1 期，第 13 页附注。
② 原文如此，疑为"色彩"之印刷错误。
③ ［德］克莱斯特：《蛮岛定情记》，第 13 页附注。
④ ［德］克莱斯特：《蛮岛定情记》，第 13 页附注。

该小说探讨的主题虽与和谐相去甚远，但未尝不是反思暴力和战争的一则文学案例。

### 四、借莱瑙之诗怀故人

莱瑙（Nikolaus Lenau，1802—1850）系浪漫派晚期作家，被介绍为"德国诗人"①。这其实并不准确，郑振铎在《文学大纲》中作了恰当的说明："莱奴"是"奥地利近代最伟大的抒情诗人"②。《德文月刊》详细介绍如下：

> 其持厌世主义与悲观主义，与英国之摆伦（Byron）相似，因以得名，晚年以疯狂终，其著作中有诗数首颇著名。③

寥寥数语点出莱瑙的思想特质。郑振铎与《德文月刊》之看法如出一辙：莱瑙"有着悲观的天性，曾因厌恶本国而到了美国，不料这个'自由之土'却完全不是他想象中的那样，于是他废然地复回欧洲"。对莱瑙的诗歌天赋，郑振铎给予了最高的赞赏：其诗是"他的这个时代的欧洲之悲观主义最中心的表白"④。此外，郑振铎盛赞莱瑙史诗《浮士德》的"气势之弘伟与想象之丰富"，"远非一般仅仅善于写抒情诗之诗人可比"⑤。《德文月刊》第一卷第十一期和第二卷第八期选这部史诗中的三行诗，冠以"Die Natur"（自然）之题。⑥

---

① ［奥］Nikolaus Lenau：《驿夫》，俞敦培译，《德文月刊》第1卷第1期，第18页注。
② 郑振铎：《文学大纲》，广西师范大学出版社2008年版，第338页。
③ ［奥］Nikolaus Lenau：《驿夫》，第18页。
④ 郑振铎：《文学大纲》，第338页。
⑤ 郑振铎：《文学大纲》，第338页。
⑥ 两处诗歌原文和译文一模一样，应是编辑部疏忽所致。

《德文月刊》第一卷第一期译莱瑙著名诗歌《驿夫》(*Der Postillon*)。[①] 从译者俞敦培的序言来看，俞译之前还有他人尝试翻译：

> 昔姻弟宗海，曾用五言译此曲。音韵流动，几莫辨其为译品。今宗海物化已将一年，旧情萦怀，追念良苦，昨日之夜忽梦及之；小别经年，已觉清瘦如许，寒暄既竟，抵掌而谈，俄而起去，落落若无欢意。醒来怆然，披衣起坐，就明月光中，为译此诗弔之。[②]

宗海，俞敦培姻弟，具体何人，不得而知。对于德语文学翻译史很有意思的是，宗海曾五言译出《驿夫》，且被人品读过，为人所知。俞敦培译本诗极具浪漫主义色彩，他缅怀逝去的宗海，思念太甚，与宗海梦中相聚，相谈甚欢。这种情境，竟有几分德国早期浪漫主义诗人诺瓦利斯(Novalis，原名 Friedrich von Hardenberg，1772—1801)感怀亡故未婚妻而创作《夜颂》(*Hymnen an die Nacht*)的神秘主义色彩。

宗海之译具体如何，我们不得而知。呈现在眼前的是俞敦培用五言诗翻译的译作。诗歌共 16 诗节，虽描写的是五月春回大地、充满生机的时节，但在静谧的自然中，诗歌用"感触旅客眚，/ 宛转动深念"酝酿了忧郁的情绪。译作融合中西诗风：

> 行行重行行，

---

[①]　由目前资料来看，这是国内较早的译作。卫茂平梳理出四首汉译莱瑙诗歌(《沉闷的一晚》《悲哀》《我的蔷薇花》《秋之哀词》)，《驿夫》并未列入其中，参见卫茂平：《德语文学汉译史考辨：晚清和民国时期》，第 269 页。

[②]　俞敦培：《序言》，《德文月刊》第 1 卷第 1 期，第 18 页。

> 默默悲更切。
>
> ......
>
> 故人那处眠，
>
> 冷落黄泉中！①

"行行重行行"本出自汉五言诗《古诗十九首》，俞敦培将之巧妙地融入本诗，毫无违和之感。长眠的故人想必让俞想到逝去的姻弟。亡故之人能"吹角遏兴云，/ 无人能及彼"，诗中的驿夫在他长眠处驻足，拿出号角，吹起逝者的"心爱曲"。此刻，"歌声人墓静，/ 故人岂不闻？"②而俞敦培以译诗寄哀思，在译文最后感叹：

> 译竟长叹，涕泪纵横，吹角非我所长，我负故人
> 多矣！
>
> 呜呼！往事多少，
>
> 　君归泉下。
>
> 　生涯如此，
>
> 　我亦驿夫！③

此时，译者与原诗产生共鸣。这已不是一篇单纯的译作，译者通过前言、后记将动机、心境一一展现在读者眼前，而译者最后赋诗一首，为原作更添忧伤。从译者行为来看，俞敦培被原作触动，进行再创作，为莱瑙诗歌在华接受史添上浓重的一笔。

---

① ［奥］Lenau, Nikolaus:《驿夫》，第 19 页。
② ［奥］Lenau, Nikolaus:《驿夫》，第 19-20 页。
③ ［奥］Lenau, Nikolaus:《驿夫》，第 20 页附注。

## 第三节　现实主义作家译介

### 一、黑贝尔剧作《玛丽娅·玛格达莱娜》汉译考辨

黑贝尔被视为德国浪漫主义文学之后杰出的现实主义作家，其戏剧和小说以现实批判性见长。黑贝尔译介可追溯至民国时期。民国十二年六月（1923 年 6 月），《晨报》副刊《文学旬刊》1号刊出唐性天译黑氏《牝牛》。[1]对黑贝尔青睐有加的还有在清华大学外文系执教的杨丙辰及曾在复旦大学任教的毛秋白等人。[2]在上述学者的推动下，中国掀起一股黑贝尔译介的小高潮。

大力推崇黑贝尔的文人是郑振铎。民国十五年（1926），郑在《文学大纲·十九世纪的德国文学》中介绍 19 世纪中叶前后德国戏剧三位代表人物，第一位便是被誉为"近代戏曲全部运动的先锋"[3]的黑贝尔。郑振铎有如下评语：

> 赫倍尔（即黑贝尔，笔者按）之所以能成为文学上的一个势力，却完全是他自己的力量。他以异常的原创力去看人生；他由人家向来没有看过的一个角度去考察

---

[1]　卫茂平：《德语文学汉译史考述：晚清和民国时期》，第 123 页。根据小说内容，这篇应该是黑贝尔于 1849 年发表于《媒体》（*Die Presse*）上的中篇小说（Novelle），德文标题为"Kuh"。

[2]　杨丙辰是译介黑贝尔的一员"大将"，他在民国十五年（1926）至民国三十年（1941）间先后在《沉钟》《莽原》《未名》《文学》《文学评论》等杂志翻译了黑贝尔的《高等卫生顾问官的夫人》《马韬》《列人家内一宿》等作品，并于民国三十年（1941）在长沙商务印书馆出版《赫倍尔短篇小说集》。毛秋白曾译黑贝尔《蜡烛》（1934）。

[3]　郑振铎：《文学大纲·十九世纪的德国文学》，《小说月报》1926 年第 17 卷第 9 号，第 11 页。

人类；他以为戏曲上只写外面的行动的时代，已经过去
了，剧场的真正事业，是表现灵魂的运动。[1]

给郑振铎留下深刻印象的是黑贝尔的创造力和独特的视角。
郑认为黑贝尔虽非"超等"[2]的戏剧家，但拥有重要地位。郑振铎
提及黑氏著作《犹狄士》《基诺委瓦》《赫洛尔与马利亚》《尼泊龙
琪》《白那约》，认为它们是"表现人格的神圣权利与社会秩序之
冲突的戏剧"[3]。

然而，被称为德国最后一部市民悲剧的《玛丽娅·玛格达莱
娜》（*Maria Magdalene*，1844 年）在郑文却付之阙如。这部三幕
市民悲剧属黑氏核心代表作，原本以女主人公克拉拉命名，出版
时才定为现名。标题让读者联想起圣经人物玛丽娅·玛格达莱
娜。在形形色色的圣经传说中，她亲眼见证了耶稣的死亡和复
活，她或是耶稣最亲近的追随者，或是罪人或赎罪者。剧名的宗
教内涵赋予内容以特殊寓意。木匠女儿克拉拉是位乖巧顺从的
姑娘。克拉拉未婚先孕。然而，当其未婚夫得知木匠原本预计给
女儿配备的丰厚嫁妆落空后，转而追求市长的驼背侄女，这样一
来，克拉拉腹中之子便成为私生子。这对于道德感过分强烈的父
亲来说会是个耻辱。克拉拉不愿玷污家庭的名声，拒绝了幼时恋
人的求婚，乞求未婚夫娶她保全名声未果，最后选择投井自杀。

这出悲剧在华引起关注。民国二十五年（1936），汤元吉和
俞敦培曾出单行本译文，标题被译作《悔罪女》，全文共103页。[4]

[1]　郑振铎：《文学大纲·十九世纪的德国文学》，第11页。
[2]　郑振铎：《文学大纲·十九世纪的德国文学》，第11页。
[3]　郑振铎：《文学大纲·十九世纪的德国文学》，第11页。
[4]　[德]黑贝尔：《悔罪女》，汤元吉、俞敦培译，上海商务印书馆1936年版。

就笔者搜集的资料来看，该译本被学界认定为已知的最早和民国唯一汉译。[①] 但事实并非如此，该作其实早在民国十三年（1924）便在《德文月刊》被译为汉语，且其译者与《悔罪女》译者有着千丝万缕的联系。

民国十三年（1924），《德文月刊》从创刊号到第一卷第 12 期中德对照连载了 "黑白尔"（即黑贝尔，笔者按）的 *Maria Magdalena*[②]，主译是俞敦培，亦即民国二十五年（1936）《悔罪女》的第二译者。《马利亚·抹大累纳》[③] 并非由俞敦培独译。由于俞在此期间 "身体不甚舒服"[④]，改第四与第五部分（第一卷第四期与第五期）由当时就读于同济大学医学部的詹大权代译。这也意味着，《悔罪女》并非黑氏作品的首次汉译，俞詹合译版本比《悔罪女》早 12 年诞生并刊出。后者是迄今《玛丽娅·玛格达莱娜》有据可考的汉语首译，这只比曹译《牝牛》晚了半年。

至于黑贝尔作品的汉译，卫茂平曾心怀遗憾地点评：

> 赫贝尔（即黑贝尔，笔者按）另一部被译成汉语的剧作是《悔罪女》（今译《玛丽娅·玛格达莱娜》），汤元吉、俞敦培译，上海商务印书馆 1936 年版。100 多页的剧本，未收译者留下的任何只言片语，抚摩翻阅之余，

---

① 如卫茂平（《德语文学汉译史考辨：晚清和民国时期》，第 159—161 页）、查明建与谢天振（《中国 20 世纪外国文学翻译史》，第 220 页）等的著作只提及《悔罪女》。

② 《德文月刊》刊登的标题即是如此，疑有误。该剧初版之时封面标题为 "Maria Magdalene"，详见 Friedrich Hebbel: *Maria Magdalene*. Hamburg: Hoffmann und Campe, 1844.

③ 第一卷第一期刊登的译名为 "马利亚抹大累纳"。从第二期起，标题加了个逗号、即 "马利亚，抹大累纳"，下文一并改为新式标点。

④ ［德］黑白尔：《马利亚·抹大累纳（4）》，詹大权译，《德文月刊》第 1 卷第 4 期，第 120 页。

总让人有某种缺漏感。[1]

此言不虚，《悔罪女》的译者未留下"只言片语"。然而，这种"缺漏感"可由《德文月刊》弥补。俞敦培在结束《马利亚·抹大累纳》的翻译之际，意犹未尽，撰文《译余言赘》剖析了黑氏作品的思想并阐述了自己的翻译理念。从这一点来看，《马利亚·抹大累纳》由于其丰富的副文本，显然比《悔罪女》立体得多。《德文月刊》本为德语学习期刊，想必更愿意从学习者的角度考虑，对作者和文本多加介绍。民国十三年一月（1924年1月），译文前登中德对照的《弗力特立 黑白尔小传》（下文称为《小传》）。《小传》通过歌德将黑贝尔拉进读者的视野："歌德死后（1832）之剧本作家，当以黑白尔最为特出……所成剧本七大种，取材于历史、传说及现代社会，此即所以成其盛名者也。"[2]紧接着，《小传》将焦点聚集在《马利亚·抹大累纳》的女主人公身上：

> 马利亚·抹大累纳（即抹大拉 Magdala 城之人）之名，出自新约。（路加福音第八章第二节及第七章第三十六节）本一悔罪女子，此处即指剧中之克拉拉，在剧本之末，以一死赎其罪者。[3]

这部剧作被标为 "Ein bürgerliches Trauerspiel in drei Akten"，"bürgerliches Trauerspiel" 现通常译作 "市民悲剧"，这表明了剧作的种类和性质，也暗示了剧种的传统。德国市民悲剧的开山

---

[1] 卫茂平：《德语文学汉译史考辨：晚清和民国时期》，第161页。
[2] 《弗力特立 黑白尔小传（1813—1863）》，《德文月刊》第1卷第1期，第14页。
[3] 《弗力特立 黑白尔小传（1813—1863）》，第14页。

之作为莱辛《爱米丽雅·迦洛蒂》，该剧讲的是出身市民阶级的
父亲为了维护女儿的贞洁手刃爱女。黑贝尔剧作中女儿的死也
与父亲相关，父亲用高度的道德感约束自己和家庭，这原本是好
事，但物极必反，克拉拉最终迫于压力自杀。《小传》在介绍时将
市民悲剧译作"社会悲剧"，[①] 在某种程度上削弱了《玛丽亚·玛
格达莱娜》对市民悲剧传统的沿袭，稍余遗憾。尽管如此，《小
传》却透彻地理解了剧作的深意。该文引用《路加福音》点出剧
名与女主人公的联系，深谙圣经人物玛丽娅·玛格达莱娜的传说
与市民姑娘克拉拉命运的相通之处，解释了为何题名人物与所指
人物有所出入。该文特别指出玛丽娅·玛格达莱娜乃一"悔罪女
子"[②]，这一洞察有点睛之用，虽无直接证据，但这应是汤俞译本
的命名来源。

此外，在连载结束时，俞寰培在译文末尾抒发感想：

**（一）关于思想方面者：**

> 人类之思想言行，中外古今，迁移变化，不能从同，
> 然其不同者，不过因习俗风尚之有异，乃为分量上之不
> 同，而按其品质，则无往而不同也。书中安通师傅之谨
> 严过恒，其妻对于子女之优柔偏爱，克拉拉之不欲辱父
> 偷生，卡尔之顽，处严父之下，局促不安之状，来安哈
> 德之势力无耻，视金钱以转移其爱情，书记之憨直，击
> 死伦夫为克拉拉复仇；凡此种种人物，求之中国社会
> 中，在在皆可遇之，此所谓品质之同也。剧中宗教思想
> 浓厚非凡，其支配日常言行之势力实大，此种现象中，

---

① 《弗力特立 黑白尔小传（1813—1863）》，第 14 页。
② 《弗力特立 黑白尔小传（1813—1863）》，第 14 页。

中国则从未有之，然孔氏伦理势力之大，亦堪与之比拟；又中国之女性社交，历来限制极严，男女引动爱情之机甚少，其弊在违反人类天性，蔑视女性人格，然流弊亦少，故克拉拉之结识来安哈德及书记，因以酿成惨剧者，在中国实不多见，今社会交际已渐公开，然则爱情发生之机，亦将稍稍展开矣，此所谓分量之异也。

剧本作家，惟在根据此同与不同之点，为忠实之描述，故能具普遍之性，使人欣赏。[1]

俞敦培从比较的视角勘察中西异同，一一点评书中人物，批评克拉拉之父安通过于严苛，克拉拉之兄卡尔顽劣，克拉拉未婚夫来安哈德奉行拜金主义。中西人性相通，这些品行在中国也存在。中西相异之处在于西方宗教思想仍主宰人的生活，在中国虽无等值的宗教，但儒家能与之相提并论。最后俞敦培联系中国现实，认为中国对女性限制严格，结交异性的机会少，类似惨剧较少。联想民国时期知识分子阶层掀起的女性解放运动，俞敦培在此有批孔的意味，颇有赞同女性解放，提倡尊重女性之意。

俞敦培译毕做自我检讨："于语气之间，不能贯注，翻读一遍，自觉歉然，不得不认为失败[2]。"自认译文不尽如人意，其中大概也夹杂着中国人传统的谦逊姿态，应也是汤俞二人联手重译此文的原因之一。该剧以《悔罪女》之名重译，省却了副文本，从而未能展现此前俞敦培的详尽探讨。

## 二、"抒情诗作家"施托姆

施托姆在民国时期受到广泛的译介。正如卫茂平指出，这位

---

① 俞敦培：《译余言謄》，第 421 页。
② 俞敦培：《译余言謄》，第 421 页。

德国诗意现实主义代表作家之一虽非"严格意义上的浪漫主义作家"，但早年在华被视为"浪漫派大师"①。其以细腻的情感营造出氤氲的氛围引众多文人品评。郑振铎认为，施托姆的小说"大都是浴于罗曼主义的柔光中"，但后期小说"采取了写实的方法"②。余祥森曾有如下精到的评论：

> 斯氏（施托姆，笔者按）固然是很佳的写实派作家，然而也可说是幻想的浪漫诗人……他的自成一家的短篇小说就是脱化自诗中，所以诗意浓厚，而又切合人生的真迹。他几乎不写事实，而专任诗中的人物自行表示他的念虑、感触、行动，而且善把特性与通性相提并论。他的浪漫的魔术共有二点：第一，他往往把他的短篇小说中极其写实派的情节浸在回忆的清辉之中，使小说中主人翁自行诉说出来。第二，他具有特殊的才能，能使他不说出来的比说出来的起更强的效力。③

余祥森总结出的两点叙事"魔术"，实则是德国诗意现实主义最为突出的叙事风格。正如魏以新评价，其文字带有"诗的香气"④，让国人不可避免地给他打上浪漫派的印记。其作充满浪漫诗意，成为文人的共识。

民国时期尤其受欢迎的是其《茵梦湖》。郭沫若和钱君胥民国十年（1921）的全译本尤其受读者喜爱，多次重印。施托姆是

---

① 卫茂平：《德语文学汉译史考辨：晚清和民国时期》，第89页。
② 郑振铎：《文学大纲》，第345—346页。
③ 余祥森编：《德意志文学史》，商务印书馆1933年版，第89—90页。
④ 魏以新：《译者引言》，载［德］斯托姆：《斯托姆小说集》，商务印书馆1939年版，第1页。

"十九世纪著名短篇小说家之一",被欧特曼视为近代文学大师,深受《德文月刊》的重视,被称为"优美而温柔之抒情诗作者"①。余祥森也赞其诗才为"平淡而真挚,刻切而圆润"②。第二卷第七期特刊出施托姆《茵梦湖》中的两首诗:《伊丽莎白》(Elisabeth)和《瑟女之歌》(Lied des Harfenmädchen)。中译文非出自他人之手,正是摘自郭沫若译本。

民国二十八年(1939),魏以新在长沙商务印书馆出版厚达400多页的《斯托姆小说集》,收《淹死的人》《格利斯胡斯克》《哈得斯雷本胡斯的婚礼》《忏悔》四篇。实际上,最后一篇非首译,早在民国十三年(1924),闵之笃译《忏悔》(Ein Bekenntnis,1887年)分十部分刊于《德文月刊》第一卷。主人公佛郎士之爱妻患癌,饱受疾病的折磨。而身为医生的佛郎士无能为力,因为癌症在当时无药可治。第一叙事者"我"发表感慨:

> 予若为诸慈善生命之神所征服者然;爱情也,怜恤也,慈悲也,其于失望者,则一变而为魑魅魍魉;予似虚无所有,而只受天命以观不幸之事耳。③

这番话语道出虚无主义,人面对强大的无形力量的无力感。爱妻疼痛发作之时,佛郎士无能为力,只能旁观,最后为解其痛苦,杀死爱妻。未料到,科学家已攻克这种癌症,而且更让他难以接受的是,在爱妻死前14天这消息已刊于报上。他将自己视

---

① 〔德〕Theodor Storm:《忏悔》,闵之笃译,《德文月刊》第1卷第1期,第10页。
② 余祥森编:《德意志文学史》,第89页。
③ 〔德〕Theodor Storm:《忏悔(六续)》,闵之笃译,《德文月刊》第1卷第8/9期;第275页。

为"聪颖绝伦之杀人者'①，为赎罪远赴非洲以"学问""供人生命
之用"②，度过余生。叙述者作为佛郎士的挚友在收到其死讯后肯
定其为人，并发问：

> 至此种之自忏为必需或正当与否，则人各可随其心
> 之所向而判之；若夫予友为严肃而正直之人，则无能疑
> 之者。③

《忏悔》中有爱情，但对所爱之人实施安乐死，更有超前的伦
常反思。对于民国时期风气大开后，知识男女视爱情自由为最重
要之物，定有引发思考之效。魏以新作为月刊社编辑部的主力干
将必然早已知道闵之笃译本，然读施托姆之作有"林静山幽，万
籁俱寂的感觉"④。施托姆的作品笔法优美，情感触及人心，或正
因如此，魏以新再译该作。

## 三、小说家凯勒

与施托姆同时代的瑞士"独行其是的小说家"⑤凯勒
（Gottfried Keller，1819—1890）也受国内关注。早在民国六年
（1917），周瘦鹃在《欧美名家短篇小说丛刻》下卷译《逝者如斯》
（*The Funeral*）。译文前的"甘勒小传"，语言简洁，勾勒了这名
瑞士作家的从文道路：凯勒先"习美术，善绘风景，卓然成家"，
后"负笈游学于德意志"，后"供职政府"。但该文对于其文学风

---

① ［德］Theodor Storm：《忏悔（七续）》，闵之笃译，《德文月刊》第1卷第10期，
第326页。
② ［德］Theodor Storm：《忏悔（九续）》，闵之笃译，《德文月刊》第1卷第12期，
第415页。
③ ［德］Theodor Storm：《忏悔（九续）》，第416页。
④ 魏以新：《译者引言》，第1页。
⑤ 余祥森编：《德意志文学史》，第90页。

格评价不多，只点出其《村中之罗米欧与朱立叶》(*The Romeo and Juliet of the Village*)等著"俱道瑞士之民生风俗者"①。民国十六年(1927)，周学普"用与直译相近的文体"②译出《仇之恋》③(*Romeo und Julia auf dem Dorfe*)，民国十八年(1929)由上海金屋书店出版。《译者序》甚为详细地介绍了凯勒生平，将其写作风格浓缩为"于写实派的外形中寓以浪漫派的精神"④。

这种写实与浪漫兼备的风格显然契合《德文月刊》的选篇品味。编辑部将凯勒定位为"十九世纪德国名诗人之一"，就其创作简述："曾著小说、短篇小说与诗，皆甚著名，然无戏曲"⑤，并刊登俞敦培译名诗《晚歌》(*Abendlied*)。此外，第二卷第八期选译一则简短的箴言，以诗体译出。

至于凯勒的叙事才能，出版于民国二十二年(1933)的《德意志文学史》认为他的才华在于"能持理智与感情于均衡，冶事实与创作于一炉，纳庄论语谐嘲于同归"⑥，并进一步指出其创作的乡土情怀："所叙不外他的故土瑞士的风景；所谈不过村庄的掌故；而描写瑞士妇女之晶莹绮丽，佻达欢乐，尤为谑而不

---

① 李今主编：《汉译文学序跋集 第二卷 1911—1921》，上海人民出版社2017年版，第198页。

② 周学普：《译者序》，载［德］克拉：《仇之恋》，周学普译，金屋书店1929年版，第5页。

③ 根据卫茂平的梳理，除《逝者如斯》和《仇之恋》之外，还有《三个正直的制梳工人》《欧格娆》《本性难移》，参见卫茂平：《德语文学汉译史考辨：晚清和民国时期》，第264页。

④ 周学普：《译者序》，第5页。

⑤ ［德］Gottfried Keller：《晚歌》，俞敦培译，《德文月刊》第1卷第2期，第55页。这个介绍稍有瑕疵，凯勒是德语作家，但不是德国作家，而是瑞士作家。

⑥ 余祥森编：《德意志文学史》，第90页。

乱。"①《德文月刊》第三卷对凯勒的译介便体现该书所论要点。第三卷从第一、二卷的诗歌转向中篇小说，分十部分由魏以新译出名篇《人要衣装》(Kleider machen Leute，今译"人靠衣装")。第一期译文前附《著者略史》，简略介绍作者的求学与工作经历。该作幽默风趣，讽刺了被假象蒙蔽的人性，温情的结局让人感受到女主人公坚强的心性。

## 第四节　趣味文学

### 一、俗文学

《德文月刊》评《人要衣装》：该作"文字优美，富于情趣，加以译者文字流畅，相得益彰，如能仔细研读，对于文思移译方面，必多收获"②。可见，趣味也是编辑部选篇的重要宗旨之一。趣味也是增强语言习得的因素，编辑部早已意识到这一点，在第一卷告知读者："短篇文字拟择关于普通常识及富于滑稽趣味者，藉引起读者之兴致而易于有进步。"③

这种趣味体现在能引发读者兴趣的民间故事和寓言。如第一卷第二期译《三饿兽》(Die drei hungrigen Tiere)，第一卷第三期译《诳言难久》(Lügen haben kurze Beine)，第一卷第四期译《小猴与核桃》(Das Äffchen und die Nuß)，第二卷第五期译《狮与兔》(Der Löwe und der Hase)等。此外，令人捧腹的

---

① 余祥森编：《德意志文学史》，第 90 页。
② 德文月刊社：《编后》，《德文月刊》第 3 卷第 10 期，第 343 页。
③ 德文月刊社：《致读者》，《德文月刊》第 1 卷第 11 期，第 404 页。

还有德国的《吹牛大王历险记》。第一卷第八、九期译《闵豪森猎鸭》（*Münchhausen auf der Entenjagd*），出自德国作家毕尔格（Gottfried August Bürger，1747—1794）整理出版的《闵希豪森奇游记》（*Wunderbare Reisen zu Wasser und zu Lande — Feldzüge und lustige Abenteuer des Freiherrn von Münchhausen*），德国人闵豪森（今译闵希豪森）"善于诙谐，曾旅行俄国有年，返国后述所见闻，极荒唐滑稽之能事，大博读者欢迎"①。《德文月刊》又介绍其游记传至英国，后又回国回炉再造的知识环游经历：其见闻"后为人以英文编成出版，书传至德，为诗人 Bürger 所见，因彼与闵豪森为同乡，知其事甚详，乃增加而改作之，至今以 Bürger 改本为原本，凡德人莫不读之"②。主人公闵希豪森以异常夸张的手法阐述其经历，虽然不合逻辑，但却非常符合《德文月刊》的选篇宗旨，也让人体会到人类无穷的幻想力。

笑话和幽默故事也能增进读者的阅读动力。从词源来看，笑话（Witz）源自古高地德语的"wizzī"，蕴含"知识、智性、聪明和智慧"③之意。因此，笑话可以说是诙谐幽默、蕴含人生智慧的小文本。第二卷第八期《上当》（*Reinfall*）和《不值得》（*Das lohnt sich nicht*）、第三卷第一期《当铺主人》（*Beim Pfandleiher*）和《给问死了》（*Totgefragt*）以及第三卷第三期两则题为"Humor"（即幽默）的小文都能让人会心一笑。

名人逸事叙述了著名人物鲜为人知的经历故事，兼具真实性和虚构性，往往展现了名人的机智、品德及智慧，能拉近读者

---

① 《闵豪森猎鸭》，张嵋译，《德文月刊》第 1 卷第 8/9 期，第 304 页。

② 《闵豪森猎鸭》，第 304 页。

③ Vgl. Gerhard Wahrig und Barbara Kaltz: *Deutsches Wörterbuch*. München: Bertelsmann Lexikon, 2002, S. 1403. 商务印书馆影印版。

与名人的距离。第一卷第 12 其《瓦能斯泰的教员》(*Wallensteins Lehrer*)展现了威严的将军瓦能斯泰(今译"华伦斯坦")尊师之道,对曾经严格要求自己的老师表示谢意。第三卷第一期《摩登凯的手帕》(*Mörikes "Taschentuch"*)讲的是德国名作家默里克(Eduard Friedrich Mörike, 1804—1875,文中为"摩登凯")专心致志地讲授歌德的《陶里斯岛上的伊菲格尼》时,错将窗帘当成手帕的故事,而学生一片肃静,以示敬重。第三卷第三期《维兰德轶闻》(*Anekdote über Wieland*)简述维兰德和著名女作家拉洛施(Sophie von La Roche, 1730—1807)之间的情感。在第三卷第五期《普鲁士王威廉第四》(*Wilhelm IV. von Preussen*)中,普鲁士国王被新来的士兵当成在公园闲散游逛的老兵,被赶出公园,而士兵汇报之时,国王只是以幽默应对。

## 二、趣味、滑稽和讽刺

德国喜剧作家贝内迪克斯的名字不如歌德和席勒那么如雷贯耳,但其剧作特色分明。民国二十八(1939),当再驰译贝内迪克斯之《代他人受过的米勒先生》(*Müller als Sündenbock*)时,曾介绍原作者为"幽默喜剧作家","对戏剧有深奥的研究"[1]。在《德文月刊》翻译贝内迪克斯作品之前,余芷湘于民国十二年(1923)在《东方杂志》第 20 卷第六、七期翻译其独幕喜剧《好的预兆》。贝内迪克斯的笔法尤其诙谐幽默,给人带来快乐。《诉讼》(*Der Prozess*)便是这么一部集滑稽和怪诞于一身的独幕喜剧,在《德文月刊》第二卷分八部分译出。施而采和刘麦痕争一个鱼塘的所有权,到城里打官司。两人未犯事,却被抓至警局关

---

① [德]Benedix:《代他人受过的米勒先生:一幕戏剧中的笑话》,再驰译,《华光》1939 年第 1 卷第 2 期,第 79 页。

押进一间牢房，第二日要自证清白。冤家相见，分外眼红，以为对方要"打死"或"毒死"自己。狱吏一本正经地应对此风险：

> 唔，唔，那吗，我也无能为力，只好听其自然了。倘使这里发生了打死案件，我就得写一通告单，于是就有法庭来检验，写医生检验书，于是就开第一次的审判，罪犯就须下入监牢里。在一个政教修明的国家，万事都是井然有序的！ ①

狱吏程序"正当"地对危险置之不理，不愿重新调配牢房。剧作通过滑稽手法呈现一个国家机器的官僚和冷漠，并加以讽刺。施而采和刘麦痕两人在牢房一夜，重新认识对方并和解，意识到相争的无稽，约定鱼塘一人一半，诉讼如此作罢。

乔克（Johann Heinrich Daniel Zschokke, 1771—1848）也擅长滑稽幽默的文学。其在华译介可追溯至光绪三十二年（1906）徐卓呆译《大除夕》（*Das Abenteuer der Neujahresnacht*，小说林总发行所出版）。民国四年（1915），屏周②译《破题儿第一遭》（*Max Stolprian*）刊于《礼拜六》，译文前的说明从环境入手，解析乔克的创作，颇有实证主义分析法的意味：

> 瑞士富山水，湖光峦影，足以悦性怡情。盎黎格（指乔克，笔者按）自少受其陶熔，宜其发于文者，隽妙无比……至其生平所作，庄谐并擅，落笔虽极清澹，而

---

① ［德］Roderich Benedix：《诉讼》，俞敦培译，《德文月刊》第2卷第4期，第165页。
② 卫茂平推测，屏周为周瘦鹃笔名，参见卫茂平：《德语文学汉译史考辨：晚清和民国时期》，第15页。

其刻化入微处，则说如利刃。①

　　该译文后又被收入周瘦鹃《欧美名家短篇小说丛刻》下卷（1917）。从译文标题"破题儿第一遭"，完全看不出原标题"Max Stolprian"是主人公的姓名。《德文月刊》第一卷第二期将标题译作《一个笨人的自述》，附注解释这种翻译的依据："Stolprian 系由动词 stolpern（失足）变出，此篇特取之为姓，以助兴趣"②。译文虽非首译，但译者从源语言译出，更能体会作者取名的文化内涵。乔克的另一部作品《破瓶缘》（Der zerbrochene Krug）在第一卷第十期至第十二期分三部分连载刊出，由谢维耀译出。该小说的情节一波三折，可读性强。

　　除译介贝内迪克斯和乔克的作品之外，《德文月刊》还译出特罗特（Magda Trott, 1880—1945）的幽默讽刺小说《废去汽车啊!》③（Weg mit dem Auto!　I. 3）、弗兰克（Charlotte Francke, 1863—1942）的荒诞小说④《朋友》（Der Freund, I. 11）、米勒（Fritz Müller, 1875—1942）的趣味短篇小说《行情单》（Kurszettel, II. 2）和幽默大师威廉·布施（Heinrich Christian Wilhelm Busch, 1832—1908）之《知足者的衬衫》（Das Hemd des Zufriedenen, III. 8）。

———————————

①　［德］盎黎格士科克：《滑稽小说：破题儿第一遭》，屏周译，《礼拜六》1915年第56期，第20页。

②　［德］H. Zschokke:《一个笨人的自述》，牛长珍译，《德文月刊》第1卷第2期，第35页脚注1。

③　《德文月刊》注明，这部小说的体裁为"Humoreske"（讽刺小说），是"一九二三年十一月在反响'Echo'周刊上发表的，这个女作家并不怎样著名，参见［德］Magda Trott:《废去汽车啊!》，《德文月刊》第1卷第3期，第75页。

④　《德文月刊》从德语报刊上读到这篇"Groteske"，称之为"滑稽小说"（I.11-361）。

# 第四章　东学德渐

## 第一节　中国文化论

尊重中国古典文化，对中国文化持肯定的态度，否定中国走"全盘西化"的道路。这些理念也充分地投射到《德文月刊》编辑部的选稿之上，《德文月刊》第一、二卷重视经典文化的翻译，与此同时也不漠视新生的文学作品，而这些中华文化文学德译篇目可以丰富中德沟通史料，对于中国智慧、经典与新锐文学的海外传播有促进作用，向西方吹了一股东风。这些文学史料恰能否定德文刊物"无用说"，因此欧特曼也被赞为"颂扬中国文化者"[①]。

在《乐观主义与悲观主义》(*Optimismus und Pesimismus*)[②]中，欧特曼放眼全世界，观察印度、古希腊和中世纪欧洲和德国启蒙运动时期的哲思，最后专辟一节探析"中国哲学对于这些问题的解说"，写道："没有一个人的影响在中国能比孔子的更深一点；即与他相反的学派也未能损坏他的微毫；千余年之久人可把他的哲学当作正式的国家哲学看的。"欧特曼肯定孔子学说的权威性，将之认定为中国国教。尽管如此，他认识到，中国是"诺

---

① 张梁任:《悼欧特曼教授》，载《欧特曼教授哀思录》，第23页。值得一提的是，张梁任曾受教于欧特曼。

② 原文如此，Pesimismus 疑为 Pessimismus 的笔误，参见［德］欧特曼:《乐观主义与悲观主义》，胡嘉译，《同济杂志》1921 年第 1 卷第 1 号，第 1 页。

大的一个由许多不同的分子组织起来的民族"①。他深知,地大物博的中国从不缺乏复杂性和多元性,孔孟之说并不是唯一学说,同时并存的还有其他派别。

至于中国古典文学,欧特曼在《Klassisch 是什么?》一文中写道:

> ……欧人早已习称五经为中国的 Fünf klassischen Bücher, 及十三经为中国的 Dreizehn klassischen Bücher, 虽然有些,如尔雅,在欧洲决不能称为 Klassiker 的,也不细论了。至于称唐朝的诗为 klassische Dichtung, 或诗人为 die klassischen Dichter,称宋代的文学家为 die klassischen Schriftsteller, 或简称为 Klassiker, 却极为合当;我们也可以称红楼梦为中国文学中的 klassischer Roman(最优美的小说),如现在通常所说的一样。②

欧洲人早已有定说,将《五经》和《十三经》奉为经典中国作品,唐宋诗歌和诗人可被称为经典诗歌和诗人,而《红楼梦》也可被称为古典小说。Klassisch 并不单纯指年代久远,还有"优美无比,不可企及,足以师衷万世"③之意。

回到前文所提《德文月刊》发刊语中的"利器说",欧特曼有意讨论如何对待中学,如何利用西学。且让我们细品发刊语后的首篇文章《中国人能如何利用欧洲文化?》(*Welchen Nutzen können die Chinesen von der europäischen Kultur ziehen?*),欧特曼

---

① [德]欧特曼:《乐观主义与悲观主义》,第 12 页。

② [德]欧特曼博士:《Klassisch 是什么?》,第 314 页。

③ 参见[德]欧特曼博士:《Klassisch 是什么?》,第 310 页。

这篇稿件明显在呼应宣言中的"利其器"[1]，后被转载于 1932 年的《国立同济大学二十五周年纪念刊》。欧特曼评论世界文化：

> 伟大之文化区域（Kulturkreis）对于人类进化有悠
> 久之价值者，其数甚少，在西方为欧洲文化，其基础为
> 希腊罗马文化所构成，而希腊、罗马之文化，又根本于
> 亚述、巴比伦及埃及，在东方为东亚文化，大要为华人
> 所创造。[2]

一种文化的历史底蕴及其对人类文明的影响力决定着文化的高低，欧特曼认为世上存在不少个体文化，但都可"阙而不论"[3]。在西方，称得上"伟大"的是古希腊罗马文化，可与之比肩的东方文化是东亚文化，而东亚文化大多由中国人（原文为 Chinesen）创造，中国文化为东亚文化之首。至于美国文化，虽然近世发展迅猛，但并无悠久的历史，也只被视为欧洲文化中"最幼之支派"[4]。

对于世界民族文化的发展，欧特曼用形象的"山峰论"来具体论述，各国文化的发展有高潮也有低潮，其中"高峰"（die höchsten Gipfel）比喻文化中"挺然特出之贤豪"[5]。一国文化有众多高峰，可谓峰峦林立，宏观把握并不容易。至于"锦绣中原"[6]，欧特曼写道："吾人于孔子、老子、司马迁、李太白之稠众

---

[1]　同济大学中学部德文月刊社：《发刊宣言》，第 2 页。
[2]　［德］欧特曼：《中国人能如何利用欧洲文化？》，第 3 页。
[3]　［德］欧特曼：《中国人能如何利用欧洲文化？》，第 3 页。
[4]　［德］欧特曼：《中国人能如何利用欧洲文化？》，第 4 页。
[5]　［德］欧特曼：《中国人能如何利用欧洲文化？》，第 5 页。
[6]　［德］欧特曼：《中国人能如何利用欧洲文化？》，第 7 页。

中，亦可吸噓纯高之气。"① 在仳看来，经典的文史哲产物仍然是儒家、道家、司马史学和李白诗歌。

## 第二节 儒家经典

驻德公使魏宸组在外交场合曾高度评价孔子的历史地位：在明清以前的朝代中，"在这些时代中，我们这位大哲学家孔子的学说和哲理都为人保护而且尊重，在他以后各文学家的著作里面都含有他的哲理和伦理观念 到处都可追索他的精神"②。但其实在 20 世纪初的历史语境中，儒家学说在中国正经历着伴随现代化转型而来的贬谪和否定。孔教和经书是棘手的话题，经书曾被贬为史料，失去权威性，孔子尤甚。近代学术反复地在"尊孔""反孔""批孔"之间徘徊，孔子曾被认为是中国现代化进程的绊脚石。但欧特曼不以为然，他尤为崇尚中国古典哲学。20 世纪 20 年代，中国反孔思潮余音未消，欧特曼肯定孔子学说的权威，认为在哲学上"没有一个人的影响在中国能比孔子的更深一点"，儒教是中国的"国家哲学"。③魏宸组也历数中国文化精髓，认为要认识中国，就必须了解"中国诸子的黄金时代"——周朝，而孔子"超过"老子、庄子、墨子等人；汉朝散文、唐朝诗歌、宋代哲学、元朝歌曲、明清的"考古"属于中国文化精粹④。

---

① ［德］欧特曼：《中国人能如何利用欧洲文化？》，第 6 页。
② 魏宸组：《德国法兰克福中国学院开幕演说词》，第 315 页。
③ ［德］欧特曼：《乐观主义与悲观主义》，第 12 页。
④ 参见魏宸组：《德国法兰克福中国学院开幕演说词》，第 315 页。

《德文月刊》主要选译儒家经典文本，[①] 共译《论语》《孟子》20 条。从译文来看，两部作品的选篇侧重点有差别。《论语》译文短小，以箴言形式出现，对版面起着补白的作用，因此并未出现在各期目录中，增添了些许无题感。所译文字的要义主要可归纳为两类。一类关乎学习之道，对于学生读者有现实意义。《为政篇》第 11 条 "温故而知新，可以为师矣"（ I. 4: 139 ）[②] 耳熟能详，强调温习已学知识，获得新的理解与体会的重要性；《述而篇》第 19 条（ I. 8/9: 293 ）用 "发愤忘食" 告诫人们要努力学习或工作。另一类的重点是为人之道、君子之道：学而篇第三条（ I. 4: 134 ）要人警惕 "巧言令色" 之人；宪问篇第 41 条（ I. 5: 159 ）用 "知其不可而为之" 教育人要有锲而不舍的奋斗精神；为政篇第 12 条（ I. 5: 173 ）德译文用 "Der Edle ist Gerät"（ 君子不是器具 ）解释 "君子不器"，说明君子要成为真正的通才；里仁篇第 14 条（ II. 1: 41 ）劝诫人们要培养自身的学问和才能，才能胜任官位；卫灵公篇第九条（ I. 4: 131 ）用 "杀身以成仁" 激励 "志士仁人"；卫灵公篇第 16 条（ II. 7: 346 ）幽默地说明不思考 "如之何、如之何" 的

---

① 详见附录六。相形之下，道家的至理之言出现的次数较少，共译两条：老子《道德经》名言 "信言不美，美言不信"（ I. 3: 96 ）和《列子·汤问篇》愚公移山的故事（ I. 12: 434-435 ）。其中《愚公移山》译文选取宣统三年（ 1911 ）卫礼贤译本。

② 原文可见各章节具体内容，如卫灵公篇第九条指的是：子曰："志士仁人，无求生以害人仁，有杀身以成仁"。值得注意的是，对儒家经典的翻译，欧特曼的汉学家交往圈发挥了重要作用。孔孟之译文出自卫礼贤之手，分别转录自其民国三年（ 1914 ）《论语》和民国十年（ 1921 ）《孟子》的德译。月刊曾交代《孟子》德语译文的来源："卫礼贤博士曾将孟子完全译成德文，于一九二一年在耶纳出版，本篇译文，即得博士之允许而转录者，特为介绍"，参见《德文月刊》第 1 卷第 2 期，第 57 页；对《论语》德译的来源也有交代："Die Übersetzungen aus den Lunyü immer nach: Kungfutse, Gespräche, verdeutscht von R. Wilhelm, Jena, Diederichs, 2. Auflage, 1914 "，参见《德文月刊》第 1 卷第 4 期，第 131 页，脚注 2。

人，是不可靠的；卫灵公篇第 17 条（II. 7: 346）批评了整天成群聚集，但"言不及义"，难以做止正经事的人。此外，子罕篇第 16 条（I. 6/7: 225）用孔子的名言"逝者如斯夫，不舍昼夜"感叹世事变化之快。

《孟子》所译篇幅更大，其中的思想可概括为以下三类。第一类聚焦于仁义和仁政思想：离娄上第十节（II. 5: 224）阐明仁和义是人之安身立命之所；离娄上第 27 节（II. 7: 342）讲述仁、义、智、礼和乐的实质；梁惠王上第三节末段（I. 2: 56&57）可让外国读者了解到国家能长治久安在于以民为本和实施仁政。第二类讨论君子的德行：离娄下第 11 节（I. 5: 186）阐明君子"言不必信，行不必果，惟义所在"；离娄下第 33 节（I. 11: 399）以诙谐幽默的"齐人有一妻一妾"故事讽刺不惜用卑劣手段乞求升官发财之人；题为"圣人与强盗"（Der Heilige und der Räuber）的译文介绍尽心上第 25 节（II. 6: 291）舜与跖之分；尽心上第七节（II. 6: 272）批评了毫无羞耻心（Schamgefühl）的人。第三类描述和介绍有胆识之人：滕文公下第二章节选（II. 5: 228）介绍了中国对大丈夫的理解——"富贵不能淫，贫贱不能移，威武不能屈"；尽心上第十节（II. 6: 271）讲的是"豪杰之士"，即使没有出现圣君，也能兴起于世；尽心上第 18 节（II. 6: 289）的德译以"忧患的果实"（Die Frucht der Trübsal）为题，介绍了"人之有德慧术知者，恒存乎疢疾"的道理。

总而言之，这些译文蕴含中国文化精髓，随《德文月刊》将中国智慧和思想传播至海外。

## 第三节　古典文学

### 一、第一、二卷

《德文月刊》尤其关注《聊斋志异》（共译十篇）、《儒林外史》（共译三篇）和《今古奇观》（共译一篇）。这其中仍存目前不为学界所知的译本。下文根据篇目数量分述。

清朝诞生的神怪小说集《聊斋志异》是被译为外文最多的古典小说之一。早在道光二十二年（1842），郭实腊在《中国丛报》有所译介，卫礼贤在其《中国童话》（1917）中选译了15篇。鲜为人关注的是，欧特曼也曾译过蒲松龄的鬼怪故事。所译10篇短篇故事[①]可分为两类。一类表面讲述动物（特别是狐狸）与人之间的故事，实则讲的是人性人心：《义犬》（*Der treue Hund*, II. 5: 227&228）讲的是一条至死以身紧护主人钱财的忠狗；《于江》（*Yü Giang*, II.6-290&291）与之相反，狼作恶多端，于江智勇双全，杀狼报父仇；《农夫》（*Der Bauer und der Fuchs*, II. 5: 229&230，今为农人）讲述了农夫如何惩治作歹的狐狸；在《雨钱》（*Der Geldregen*, II. 5: 231&232）中，狐仙让表面儒雅、内心贪婪的秀才空欢喜一场；在《秦生》（*Der junge Herr Tsin*, II. 5: 233）中，狐仙出于同情救了嗜酒胜命的秦生；《酒友》（*Der Trinkkumpan*, II. 7: 344-346）讲述了车生夜中奇遇一只知恩图报的狐仙，在其帮助下过上幸福生活。第

---

[①] 德国汉学家罗泽尔（Gottfried Rösel）于1987年翻译了《聊斋志异》，并在附录中做了详尽的译本梳理。他提到欧特曼或许译过10篇故事，但他未能得见原文，故不知具体是哪些篇目，参见 Gottfried Rösel, „Bibliographie ", in: Pu Sung-ling: *Umgang mit Chrysanthemen*, Deutsch von Gottfried Rösel. Zürich: Waage, 1987, S. 601。

二类文章塑造了奇幻，甚至恐怖的世界：在《安期岛》（*Die Insel der Seligen*，II. 6: 287-239）中，刘鸿训在神秘小岛上经历一场奇遇；而《妖术》（*Hexerei*，II. 7: 339-342）意在破除人们求神问卜的观念；在《番僧》（*Die fremden Mönche*，II. 7: 343）中，两个外国和尚不念经，只擅长变戏法；《牛成章》（*Die Geschichte des Niu Tschëng-dschang*，II. 7: 347-349）是一则惊悚故事，主人公死后复返人间，与子偶遇，得知妻子弃子改嫁，愤而杀妻后消失，颇有劝诫意味。

由吴敬梓创作的经典官场小说《儒林外史》的德译本数量逊于《聊斋志异》，但也受到《德文月刊》的关注，共译三篇：《荆元》（*Djing Yüan*，I. 10: 350-352）节选自第 55 回，描绘了一位谋生于市井，但闲暇时间弹琴写字作诗的理想人物；而出自第一回的片段《王冕的少年时代》（*Wang Miän in seiner Jugendzeit*，II. 4: 173-177）讲述了少年王冕出身贫寒，但天资聪颖且孝顺；出自第 38 回的《郭孝子寻父记》（*Wie der gehorsame Sohn Guo seinen Vater suchte*，II. 6: 292-299）塑造了中国儒家传统中的孝子形象。其中，编辑部以《王冕的少年时代》开展了一场翻译比赛，并登出两份获奖译文。

对于《今古奇观》（*Merkwürdige Geschichten aus neuer und alter Zeit*），《德文月刊》译了《吕大郎还金全骨肉》（*Der ehrliche Finder, der seinen Sohn fand*，今为《吕大郎还金完骨肉》），分两部分连载登于第二卷第五、六期（译文见附录二），讲的是吕玉善有善报，找到丢失的孩子，一家团聚。虽仅为一则故事，但尤为引人注目的是，译文出自卫礼贤之手。目前学界已知三篇卫礼贤译文《庄子休鼓盆成大道》《金玉奴棒打薄情郎》和《杜十娘怒沉百宝箱》，<sup>①</sup>未曾关注到《德文月刊》的译文。可以说，这篇译文的发掘可增进我们对卫礼贤《今古奇观》译事的认识，对于中国古典小说德译史而言，具有补遗作用。

从上述译本中可看出，《德文月刊》选篇侧重劝诫和向善。《聊斋志异》"不外记神仙狐鬼精魅故事"<sup>②</sup>，但欧特曼未选狐仙鬼魅与落魄书生的爱情故事，选篇更多的是以奇幻世界反映人的世界，触摸人心。《儒林外史》译文重点并不在于揭露官场腐败，更多的是树立理想的、正面的人物形象。《今古奇观》译文显然讲述善人得报的道理。

## 二、第三卷

复刊的月刊强调注重"趣味"，第三卷分六部分翻译了清朝沈复《浮生六记》（1808）部分内容。这部自传体散文集围绕作者及其妻陈芸，讲述了江南社会的日常、山水之间的浪游，最后夫妻情深终究抵不过礼教的侵蚀和生活的煎熬。这部作品"俨如一块纯美的水晶，只见明莹，不见衬露明莹的颜色"<sup>③</sup>，因清新无雕琢的文字在民国时期"极为世人所嗜"<sup>④</sup>，备受俞平伯和林语堂的推崇。林语堂向西方世界译介了大量中国典籍，民国二十四年八月（1935年8月）所译《浮生六记》（*Six Chapters of a Floating Life*）刊载于《天下》，内含译序。<sup>⑤</sup>民国二十六年二月（1937年

---

① 卫茂平：《〈今古奇观〉在德国》，《寻根》2008年第3期，第47页。国内较近的卫礼贤研究（如徐若楠《中西经典的会通：卫礼贤翻译思想研究》）也并未提及卫礼贤发表在《德文月刊》上的译文。

② 《鲁迅全集》第9卷，北京日报出版社2016年版，第219页。

③ 《俞平伯全集》第3卷，花山文艺出版社1997年版，第478页。

④ 德文月刊社：《编后》，第343页。

⑤ 参见郑锦怀：《林语堂学术年谱》，厦门大学出版社2018年版，第213页。

2 月 ),《德文月刊》开始登载冯可大的译文,标题译为 "Sechs Kapitel eines flüchtigen Lebens",第五期译林语堂的译序。译文刊登后,深受读者好评,因此陆续刊登该作正文的翻译。第六期至第十期译卷一《闺房记乐》(Eheglück )。第六期卷一正文前列出各卷译名:卷二《闲情记趣》( Die kleinen Freuden des Daseins )、卷三《坎坷记愁》( Sorgen )、卷四《浪游记快》( Die Freuden des Reisens )、卷五《山中记历》( Erfahrungen )和卷六《养生记道》( Der Weg des Lebens )。加上第十期卷一结束之处特意指出"全书待续"①,可看出编辑部原计划将《浮生六记》全文翻译,奈何战争打乱了计划。

该作已先后被译为英文、日文、法文、丹麦文、马来文等,1989 年德国汉学家史华慈( Rainer Schwarz )的德译本出版,书名译作 "Sechs Aufzeichnungen über ein unstetes Leben"②。虽然《德文月刊》只译出林序和卷一,但时间上早了半个多世纪,从《浮生六记》的海外译介来说未必不具有相当的价值。

第三卷第十期编辑部撰《编后》一文评:"至如《浮生六记》一文……译作颇能存其真趣,对初学德译者,殊多启发,他如文法、会话及应用尺牍等等,均能合乎实用,读者宜时加翻阅,俾资运用。"③编辑部从刊物宗旨出发,看重译文的实用性,但译文的实际价值绝非止于文法等运用。所译序中,林语堂赞女主角陈芸是"中国文学中一个最可爱的女人"④,并解释译介的必要性:

① 沈复:《浮生六记》,冯可大译,《德文月刊》第 3 卷第 10 期,第 338 页。
② Vgl. Shen Fu: Sechs Aufzeichnungen über ein unstetes Leben. Hrsg. und übers. von Rainer Schwarz, Leipzig: Reclam, 1989.
③ 德文月刊社:《编后》,《德文月刊》第 3 卷第 10 期,第 343 页。
④ 林语堂:《浮生六记(序)》,冯可大译,《德文月刊》第 3 卷第 5 期,第 156 页。

……因为这故事应该叫世界知道；一方面以流传她的芳名，又一方面，因为我在这两小无猜的夫妇简朴生活中，看他们追求美丽，看他们穷困潦倒，遭到不如意事的磨折，受奸佞小人的欺负，同时一意求享浮生半日闲的清福，却又怕遭神明的忌——在这故事中我仿佛看到中国处世哲学的精华，在两位恰巧成为夫妇的生平上表现出来。①

林语堂点出了《浮生六记》蕴含的中国生活哲学。而通过德文，将沈复之文承载的思想及其形态向外传播，是《德文月刊》翻译该作的另一重要作用。

## 第四节　现代小说

译介现代中国文学以及新闻报道，具有社会现实传介作用。卫礼贤之子卫德明曾点出《德文月刊》的难得之处：

欧特曼不仅仅授以解开德语语法秘密的钥匙和介绍一些最美的德语文学和最重要的德国历史。他其实

---

① 林语堂：《浮生六记（序）》，第157—158页。德语译文为：“[ … ]weil es eine Geschichte ist, die man der Welt erzählen sollte. Einerseits, um ihren Namen zu verbreiten, andrerseits weil ich in dieser einfachen Geschichte von zwei arglosen Geschöpfen in ihrem Suchen nach Schönheit, wie sie ein Leben der Armut und Entbehrungen führen, wie sie vom Leben und von ihren schlaueren Mitmenschen tüchtig überlistet, doch entschlossen jeden Augenblick des Glücks erhaschen, wie sie sich immer fürchten vor dem Neid der Götter — weil ich darin das Wesen einer chinesischen Lebensform verkörpert zu sehen glaube, gelebt von zwei Menschen, die zufällig Mann und Frau waren.”

还在一定程度上展现了中国生活的现实，首先是当下中国的现实，德国人平素很少接触得到的中国。他对在苦难磨砺下艰苦发展的新中国的理解将之推向能发挥作用的位置。①

卫德明所说的中国的现实，最直接地反映在第二卷新增的栏目《报章摘录》（或《时事新闻》）。该栏目报道世界大事，当然焦点还是中国的局势，人们可追踪中国局势，读到《中山先生遗嘱》（ *Die Testamente Sun Wens* ）、介绍反对美国对华教育侵略引发的《福州学生被戕杀案》（ *Die Ermordung von Schülern in Fudschou* ）等。

现代中国的一个重要部分是现代文学。新文学运动影响了一代新青年，这也直接投射到月刊上。第一卷分四部分连载庐隐女士之《或人的悲哀》，第二卷第六期翻译了《东方文库》民国十二年（1923）刊登的梦雷《哑叭的一个梦》（ *Der Traum eines Stummen* ），将最新的中国文学作品展现在读者面前。庐隐之作的译文值得考究。这位五四新文化运动的重要女作家与冰心等人并列为民国才女。她深受歌德影响，《德文月刊》选其作翻译刊登，更能展示中德文学的交互影响，可见选篇之用心。《或人的悲哀》于民国十一年（1922）发表于《小说月报》上，月刊社得到商务印书馆的许可，首次将之译为德语刊登。歌德名作《少年维特之烦恼》（以下简称《维特》）于民国十一年（1922）初由郭沫若首次翻译为中文，很快风靡知识分子圈，掀起"维特热"。

从庐隐之作的标题、形式和内容上，都可见歌德的影响。《或人的悲哀》德译标题为"Ein Menschenleid"，这是刊物有意为之。

---

① ［德］Hellmut Wilhelm: „Wilhelm Othmer zum Gedächtnis "，《中德学志》1944年第1—2期，第6—7页。

月刊解释："标题的字面解作'某人的烦恼'（Jemandes Kummer）或'一个人的烦恼'（Eines Menschen Kummer），但德语现取的标题更符合习惯，因此或许更加合适①。"标题中的"Leid"让人自然而然地想到《维特》的德语名"Die Leiden des jungen Werthers"。此外，《维特》是一部书信体小说，《或人的悲哀》也选取了这种体裁，讲的是年轻女子亚侠苦于心脏疾病和失眠，撰写九封信件给挚友K. Y.。与《维特》一样，该短篇表面营造了"感情旋涡"，但实则揭露了中国青年一代的彷徨无望，对"人生的究竟"②探求不出答案。与维特一样，亚侠选择自杀，沉湖身亡。

对于现代文学翻译的价值，月刊社亦从中德文化交流的视角加以评估："更若第一卷中汤元吉所译庐隐女士之《或人的悲哀》，译笔之细腻，固无论矣，我国新文学作品之介绍于德人者，亦以此为嚆矢。"③十八九世纪德国汉学家大多将研究目光锁定在中国古典作品之上，而《德文月刊》编辑部崇古推今，不仅译介古典，而且也对现代文学加以观照，反映了向外传播传统与现代的自主意识。

# 第五节　诗　歌

诗歌不是《德文月刊》的重点，因此数量并不多。诗歌翻译的特点是，选取古典诗歌较多④，译者基本为中西贯通的汉学家。

---

① 庐隐：《或人的悲哀》，汤元吉译，《德文月刊》第 1 卷第 4 期，第 135 页脚注。

② 庐隐：《或人的悲哀》，汤元吉译，《德文月刊》第 1 卷第 8/9 期，第 301 页。

③ 德文月刊社：《德文月刊之过去与未来》，第 270 页。

④ 除古诗之外，第三卷第十期第 340 页译出中华民国国歌（*Die Nationalhymne*），译者不详。

第二卷第六期译《诗经·王风·伯兮章》，出自德国汉学家史陶斯（Victor von Strauβ，1809—1899）的译笔。《伯兮章》以女子的口吻，道出对出门远征的丈夫的思念，因此译文标题"Trauer über des Gatten Entfernung"直接点出诗歌的情感所在。译笔工整，语气词"oh"和感叹号的运用强调了女子的思念。唐诗自然是中国诗歌的一大巅峰。魏宸组曾向德人介绍：李白和杜甫是中国的"诗圣"，其诗集在华犹如"歌德和席勒的诗集在德国一样著名"①。李白之《月下独酌》在同一期由汉学家豪泽（Otto Hauser）译为德文，韵律极为工整，押叠韵。

在第三卷第四期，民族英雄文天祥的长诗《正气歌》（*Das Lied von der Richtekraft*）由新一代汉学家卫德明译出。诗后附12个注解，详尽地解释了齐太史、苏武、颜常山等人的典故。

北宋名家欧阳修之《秋声赋》虽用散文笔法写尽悲秋之情，但有诗歌的韵律和意境，在第二卷第一期由洪涛生进行大胆的"意译"。附注介绍译者在德国"翻译拉丁诗人 Horaz……的著作久著盛名"②。洪涛生将这篇赋文译成由11诗节组成的诗歌，题为"Der Herbst, Nach Ou-Yang Hsiu"，韵律工整，押严格的韵脚（aab ccb），用词考究。由此可见译者的文学功底。

---

① 魏宸组：《德国法兰克福中医学院开幕演说词》，第315页。
② （宋）欧阳修：《秋声赋》，洪涛生译，《德文月刊》第2卷第1期，第26页。

# 第五章　世界与民族

## 第一节　波云诡谲的时局

民初的中国外有列强觊觎，内有军阀混战，风云变幻，波云诡谲。作为学习刊物，《德文月刊》还通过刊登与政治时局相关的译文，表明其民族主义立场，且自第二卷起增设《时事新闻》栏目，其目的是"借以养成学者直接读德文报纸之能力"①。而《时事新闻》②栏目在第三卷得到延续。通过这种渠道，《德文月刊》向外传达中国声音，同时将西方的声音翻译至国内。从所译新闻报道、政论文来看，《德文月刊》坚持传递进步、正面、爱国的声音。

---

① 德文月刊社：《致读者》，《德文月刊》第1卷第11期，第404页。

② 部分新闻篇目源自《申报》《新闻报》等。这一栏目可让现今的读者管窥民国时期国内外的政治风云变幻，如国内新闻《国民党反对解决金法郎案之宣言》(*Erklärung der Volkspartei gegen die vorgeschlagene Lösung der Goldfrankenfrage*, II. 1)、《上海之市民大会》(*Große Volksversammlung in Schanghai*, II. 4)、《五卅损失》(*Die Schäden des 30. Mai*, II. 5)、《中波间订约通商》(*Verhandlungen über den Abschluß eines Vertrages zwischen China und Polen*, II.5)、《南政府迁鄂办公》(*Verlegung der Südregierung nach Wuhan*, II. 7)、《浙江正式宣布自治之六条件》(*Die sechs Punkte der offiziellen Selbständigkeitserklärung der Provinz Chekiang*, II. 7)、《中国与智利博览会》(*China und die Ausstellung in Chile*, II.7)、《英国增厚驻华舰队之力量》(*England verstärkt seine Flotte in chinesischen Gewässern*, II. 7)、《广州之无线电台》(*Die drahtlose Station in Kanton*, II. 7)、《反对借外债》(*Widerstand gegen eine Anleihe im Ausland*, II. 7)、《修正省政府组织法》(*Organisation der Provinzialregierung für Hupeh*, II.7)、《汉口之民众组织》(*Volksverbände in Hankou*, II. 7)、《唐生智有下野意》(*Tang Schëng-dschï hat die Absicht zurückzutreten*, II. 8)、（转下页）

（转下页）

第二卷第一期"报章摘录"栏目的焦点之一是孙中山[①]。民国十四年（1925），孙中山病重，于 3 月 11 日签署遗嘱。《德文月刊》较早地将其《致国民党同志遗嘱》（*Vermächtnis für die Anhänger der Volkspartei*）和《致家属遗嘱》（*Vermächtnis für die Mitglieder seiner Familie*）翻译为德语。一份涉及国事，另一份涉及家事。在《致国民党同志遗嘱》中，孙中山的呼吁及《德文月刊》译文如下：

> 现在革命尚未成功，凡我同志务须依照余所著《建国方略》《建国大纲》《三民主义》及《第一次全国代表大会宣言》继续努力以求贯彻。

> Die Revolution ist jetzt noch nicht vollendet, und meine Anhänger müssen auch weiterhin vorwärtsstreben, um die vollständige Durchführung unserer Ziele zu

---

（接上页）*Chiang Kai-Sheks Rede in der Loyanger Militär-Akademie*（无汉译，III. 4）、*Der Kampf in Suiyuan*（无汉译，III. 4）、《蒋委员长抵京》（*General Chiang Kai-shek in der Hauptstadt*, III. 5）、《汪精卫之重要谈话》（*Bedeutsame Erklärung [ sic! ] Wang Ching-weis*, III.5）、《国民体育》（*Körperliche Ertüchtigung der Massen*, III. 5）、《海岱山大学赠汪精卫名誉博士》（*Wang Ching-wei Ehrendoktor der Heidelberger Universität*, III. 6）、《中德文化协会之工作》（*Aus der Arbeit des Deutsch-Chinesischen Kulturverbandes*, III. 8）等。

① 《德文月刊》向德国读者介绍孙中山如下："德国读者应知孙先生，讳文，他自己的著作当用是名签字……字逸仙，这便是外国所悉知之，由广东音拼之 Yat-sen。中山（日本姓）为先生亡命日本时之隐名，以后国人均以是称之，亦有尊敬而不敢以名呼之之意。"德文为："Für unsere deutschen Leser sei bemerkt, daß Dr. Suns Vorname [ ... ] Wen [ ... ] heißt, weshalb er auch seine Schriftstücke so zu unterzeichnen pflegte [ ... ]. Sein Freundesname [ ... ] ist I-hsiän [ ... ], nach kantonesischer Aussprache Yat-sen, und unter diesem Namen ist er im Ausland am bekanntesten. In China bezeichnet man ihn aber aus Hochachtung nicht so, sondern mit dem japanischen Familiennamen ( Nakayama ), chin. Dschung-schan, den er als politischer Flüchtling in Japan führte, und der nachher sein Schriftstellername [ ... ] wurde." 中德文见于但一：《孙中山先生》，牛长珍等译，《德文月刊》第 2 卷第 2 期，第 75 页。

erreichen, und zwar gemäß meinen Schriften: *Plan für den Aufbau des Reiches*, *Grundzüge des staatlichen Aufbaus*, *die drei demokratischen Grundlehren* und *Erklärung der ersten Hauptversammlung der Vertreter des ganzen Reiches*.[1]

"三民主义"被译为 *die drei demokratischen Grundlehren*[2]，意即"三个民主的基本学说"。编辑部在脚注中注明其他译法："die drei（wichtigsten）Prinzipien für das Volks; die drei völkischen Grundsätze."[3]可对应地回译为"民族的三个最重要的主义；三个民族的基本原则"。

对这位革命先行者，《德文月刊》以译文寄哀思，翻译和刊登了中国共产党早期青年运动领袖恽代英（化名但一）登在《中国青年》（第三卷第 71 期）[4]的悼文《孙中山先生》（*Dr. Sun Yat-sen*）。孙中山于他而言是位"伟大的民族革命的领袖"，"代表全民族而奋斗的精神"[5]。在《孙中山先生》中，恽代英回顾中山先生如何开启革命生涯，如何整顿内政，如何在外交上为民族谋求福祉，如何"至死不忘国事"[6]。主要向中国青年呼吁继续孙中山的事业。恽代英向年轻人发出呼吁：

---

① 译者不详，参见《报章摘录》，《德文月刊》第 2 卷第 1 期，第 38 页。
② 《德文月刊》在脚注中进一步解释："民族 das Volk selber, die Nation, 民权 die Volksrecht und , 民生 die Lebenshaltung（oder die weirtschaftliche Lage des Volkes）"，参见《报章摘录》，第 38 页。
③ 参见《报章摘录》，第 38 页。
④ 《中国青年》由恽代英创办和主编，这一期另刊恽代英的讲演《孙中山先生逝世与中国》，总结了孙中山其人及其事业的八大特点。
⑤ 但一：《孙中山先生》，第 75、82 页。
⑥ 但一：《孙中山先生》，第 83 页。

　　读者诸君，我愿意你们将要有孙中山先生一样的成就，将要像他一样地致力于革命运动；不要菲薄自己，以为自己是一个无足轻重的人，孙中山先生像我们这样大的年纪，他在学生时代，已经开始了他的伟大的，将要永远被中国人民所崇拜所纪念的革命工作了。①

　　恽代英特别欣赏孙中山先生对外的反帝国主义精神。这种精神的动力源自孙中山本人主张的"三民主义"第一条"民族主义"。孙中山前后强调民族主义，且认识到中国仍受帝国主义的"宰割"和"支配"②，旨在挽救中华于民族危亡，要求对外反抗帝国列强的侵略，对内反对与列强勾结的军阀。选文也体现了《德文月刊》反对帝国主义和国内军阀的立场，如第二卷第一期译《国耻之意义》③（ *Was bedeutet der Ausdruck „Landesschmach"* ）。第一次世界大战以后，日本成为侵略中国的主要外力。作者是汪精卫，告诫读者谨记国耻，警惕包括日本在内的国际帝国主义的侵略以及国内军阀之压迫。再如第二卷第二期《上海是中国人的上海》（ „*Schanghai gehört den Chinesen!* " ）批评了中国城市的半殖民化，即上海的行政、司法和立法由外国人管制，表达了对这种局面的不满。

---

　　① 德文译文为："Vererhte Leser!  Ich wünschte, daß Sie denselben Erfolg hätten, wie ihn Dr. Sun gehabt hat, und daß Sie ebenso wie er Ihre ganzen Kräfte für die Revolution einsetzten. Schätzen Sie sich nicht gering ein, und halten Sie sich nicht für unbedeutende Menschen!  Als Dr. Sun Dschung-schan so alt war wie wir, also während seiner Studienzeit, fing er schon seine gewaltige Revolutionsarbeit an, die das chinesische Volk ewig bewundern, deren es ewig gedenker wird! " 参见但一：《孙中山先生》，第 76 页。

　　② 李泽厚：《中国近代思想史论》，第 326 页。

　　③ 原文载于《民国日报》（1924 年 5 月 9 日），由魏以新译成德文。

在反帝国主义的运动中,学生扮演了重要角色。前文提及的《福州学生被戕杀案》刊于第二卷第二期,介绍了福州学生"因反对基督教会学校,反对美帝国主义对华教育侵略的运动",因此酝酿出英华书院学潮。而4月8日数千学生请愿,被当局镇压。报道结尾语重心长:"中国的青年呵!你们若不速起组织团体,一致与帝国主义及军阀宣战,你们都将为被杀的人呵!"① 同样,北京师生举行五万人示威游行,要求"无条件的关税自主,反对妥协的加税办法"。而报道批评政府"献媚外人"②,反而压迫示威师生。这些报道批评了国民政府当局的腐败,支持人民,特别是师生的进步诉求。

## 第二节　山雨欲来风满楼

### 一、外交压力与中国智慧

20世纪20年代,第一次世界大战虽已平息,德国进入快速发展阶段,中德关系渐趋稳定,合作加强。但到了30年代,世界局势急转直下,欧洲局势并不理想,颇有"山雨欲来风满楼"之

---

① 这段话的德文译文为:"Ihr chinesischen Jünglinge, wenn ihr nicht schnellstens euch zusammenschließt und dem Imperialismus und Militarismus den Kampf ansagt, so seid ihr alle des Todes!" 中德文见于《时事新闻》,《德文月刊》第2卷第2期,第85—86页。

② 《时事新闻》,《德文月刊》第2卷第4期,第182页。

势，德国日益纳粹化，日本咄咄逼人。对此，《德文月刊》<sup>①</sup>皆有
反响，展现了多元的中外关系。从选篇可看出，维护民族利益是
刊物的基本立场，和平是有识之士的夙愿。

中国部分精英分子从和平主义原则出发，呼吁用中国智慧化
解外交压力。魏宸组阐明中国的外交立场，认为国家之间贵在
"忠恕之道"(Das Prinzip des dschung-schu)，即"忠以持己，恕以
待人"：

> 那般能以武力强迫各弱小国随其意志，违反公理专
> 为自己谋利益的列强，要放弃这种武力政策，将他们的
> 外交政策改为向着伦理和道德的方面。这样一来，便是

---

① 《德文月刊》有大量系列国际新闻报道《加拉罕任使团领袖问题》(*Karakhan Doyen des diplomatischen Korps in Peking? II. 2*)、《保安公约与德国》(*Der Sicherheitspakt und Deutschland, II. 4*)、《波斯革命》(*Revolution in Persien, II. 4*)、《法国政局》(*Die Stellung der französischen Regierung, II. 5*)、《罗波联盟》(*Bündnis zwischen Rumänien und Polen, II. 5*)、《英国之索债偿债计划》(*Der Pläne Englands für Einforderung und Deckung der Schulden, II. 5*)、《意相被刺》(*Die italienische Ministerpräsident verwundet, II. 5*)、《摩洛哥问题》(*Die marokkanische Frage, II. 5*)、《英美两国之煤油》(*Englisches und amerikanisches Öl, II. 5*)、《美国资本的势力》(*Der Einfluß des amerikanischen Kapitals, II. 5*)、《国际裁兵会议》(*Eine internationale Abrüstungskonferenz, II. 5*)、《美众院通过敌产案》(*Das amerikanische Repäsentantenhaus genehmigt den Gesetzentwurf über das feindliche Eigentum, II. 7*)、《各国清偿对美战债问题》(*Sollen die andern Länder Amerika die Kriegsschulden vollständig zurückzahlen? II. 7*)、《日皇病状微有起色》(*Im Befinden des japanischen Kaisers ist eine kleine Besserung eingetreten, II. 7*)、《新加坡建航空根据地》(*Bau einer Flugzeugbasis in Singapore, II. 7*)、《辽河之开浚》(*Die Regulierung des Liau, II. 7*)、《美众院赞同造舰提案》(*Das amerikanische Repräsentantenhaus genehmigt den Vorschlag über den Bau von Kriegsschiffen, II. 7*)、《美国之奇寒》(*Auffallende Kälte in Nordamerika, II. 7*)、《德轮在吴淞触礁》(*Ein deutscher Dampfer bei Wusung auf eine Klippe gelaufen, II. 8*)、《德国财政》(*Die deutschen Finanzen, II. 8*)、《密士失必河附近之水》(*Die Überschwemmungen am Mississippi, III. 6*)等。

向着世界和平走了一大步了！①

　　而第二卷翻译孙中山撰写的两篇文章，同样表达了民族和平与振兴的讯息。在文章《中山先生与英领之谈话》②（*Dr. Sun und der englische Konsul*）中，孙中山一针见血地指出中英的区别：中国两千多年前"便丢去了帝国主义，主张和平"；而英国"讲打不讲和，专讲强权不讲公理"，英国"专讲强权的行为"，是"野蛮"行径③。孙中山因此拒绝"尚武精神"④的复归，驳斥了第一次世界大战期间英国领事出兵青岛、抗击德国的要求。这对于德国读者不无好感。

　　在《孙中山先生致苏联遗书》⑤（*Dr. Sun's letzter Brief an die Vereinigten Sowjet-Republiken*）中，弥留之际的孙中山仍心系中苏合作，希望中苏联手从帝国主义的压制中解救中华民族及其他民族：

　　　　命运使我必须放下我未竟之业，移交与彼谨守国民党主义与教训而组织我真正同志之人。故我已嘱咐国

---

民党进行民族革命运动之工作，俾中国可免帝国主义加诸中国的半殖民地状况之羁缚。①

孙中山从民族利益出发，拒绝英领之要求，主张联苏反抗帝国主义。

## 二、中德关系

《德文月刊》②的选文体现了中德友好的原则。民国十年五月（1921 年 5 月），中德政府缔结双边协议《中德协约》。德国取消领事裁判权等特权。这对于中德外交关系的平等化有着重要意义。第一卷转载并翻译了《柏林日报》（*Berliner Tageblatt*）对总理威廉·马克斯（Wilhelm Marx, 1863—1946）的采访，标题命名为《德国国务总理威廉·马克斯博士之中德关系论》（*Reichskanzler Dr. Wilhelm Marx über die Beziehungen Deutschlands zu China*）。马克斯发表了对华友好的看法，认为第一次世界大战时中国对德国的友好态度促成这种友好局面："欧战时，中国全体国民及个人，对于德国均毫无罪恶感，现仍本其亲善无我之旨与吾人周旋，一如往昔。"③马克斯表明，订立《中

---

① 德文为："Es ist mein Schicksal, daß ich mein Werk unvollendet niederlegen und es den Männern hinterlassen muß, welche sorgsam an den Grundsätzen und Lehren der Volkspartei festhalten und meine aufrichtigen Gesinnungsgenossen zusammenfassen; daher habe ich schon die Volkspartei aufgefordert, das Werk der Revolutionisierung des Volkes weiterzuführen, damit China sich dem entzieht, daß der Imperialismus ihm die Fesseln eines halben Koloniallandes auferlege.' 中德文参见《孙中山先生致苏联遗书》，《德文月刊》第 2 卷第 3 期，第 136—137 页。

② 当然，《德文月刊》也关注德国国内的形势变化，如前文脚注提及的《德国之总统竞争》《兴登堡当选德国总统》《德国没收皇产问题》《德俄中立条约批准》。

③ ［德］Wilhelm Marx：《德国国务总理威廉·马克斯博士之中德关系论》，夏鸿宇译，《德文月刊》第 1 卷第 8/9 期，第 296 页。

德协约》为了"恢复往日对于中国之友谊关系"①，并将促进中德
文化交流。

　　对于对华友好的德人而言，《中德协议》无疑是进步的，具有
历史意义。民国十四年（1925）爆发了"五卅运动"，不久，"德国
最了解中国情形人中之一"②的卫礼贤结合中德关系的变化，向
国内传递了德国民间的友好之声。在《中国的自由战争》（*Chinas
Freiheitskampf*）一文中，卫礼贤痛陈外国人对中国的压迫史："外
人夺它（指中国，笔者按）的土地，以武力压迫，输入鸦片，开辟
通商口岸，更利用条约与舰队以传播基督教"③。虽然卫礼贤是德
方派来中国的传教士，但他坚持对华友好，反对侵略，对于加诸
中华的武力殖民和刺刀保卫下的基督教传播等沉疴加以指摘。

　　卫礼贤批评外国人在华"不以客位自足"，反而想利用"黑暗
不堪"的"外国领事裁判权"反客为主，作出许多"荒谬绝伦的判
断"④。他认为中国青年的诉求是正当的：

　　　　中国青年现在的奋斗，只是个正当防卫的战
　　争。他们要做自己家里的主人，他们不要服从外国
　　法律，而且要居留中国地方的客人，遵守中国的法
　　律与管理……他们要取消为中国脓疮的租借地租
　　界……他们不要受条约的压迫，要遵照自由意志重订互
　　相平等的条约。总之，中国人要自由，要能自由参加人

---

　　①　［德］Wilhelm Marx：《德国国务总理威廉·马克斯博士之中德关系论》，第
295页。
　　②　［德］卫礼贤：《中国的自由战争》，魏以新译，《德文月刊》第2卷第4期，第178
页附注。详见附件二。
　　③　［德］卫礼贤：《中国的自由战争》，第178页。原文见附录。
　　④　［德］卫礼贤：《中国的自由战争》，第178页。

类共同的工作。[①]

卫礼贤虽然在文中没有直接指向"五卅运动",但他认为,列强步步紧逼是中国爆发了这次"战争"的原因,因此协约国需要"改变对华政策"[②]。

第二卷第六期刊登和翻译了《中国之将来与欧洲之地位》[③]（*Zukunft Chinas und Europas Stellung*）,表达了中国人对于中欧关系发展的观察。该文作者观察到第一次世界大战后欧洲兴起"大欧罗巴主义"（die Idee des Paneuropa）,认为欧洲各国只有统一"思想、感情和意志"[④],才能实现这一理念。作者拥有工程师文凭,深知在现代,工业是民族之间角力的制胜器之一——工业在现代社会的角色。他认为,工业是"文化的象征",是"文化之母",但具有高度工业基础的欧洲人初到中国,如同"魔者"一般,而"贱视"[⑤]中国人,"误用"[⑥]这把利器,触发一系列侵略战争。而今战争硝烟已散,中欧双方完全有合作的实际需要:一方"工作过剩",另一方需要实业兴国。"大欧罗巴主义"是为了形成统一的经济区域,但没有殖民地的供给,巨大的原料来源将成问题。作者最后认为,两方合作,可解决双方共同的问题,即"实业和原料的供给"[⑦]。这篇文章符合中德友好合作的历史背景。

到了第三卷,德国国内政治形势大变。随着纳粹夺权,希特

---

① ［德］卫礼贤:《中国的自由战争》,第178—179页。
② 参见卫礼贤:《中国的自由战争》,第179页。
③ 这篇文章录自《东方舆论》（*Ostasiatische Rundschau*）。作者中文名不详。
④ Chuang, C.:《中国之将来与欧洲之地位》,《德文月刊》第2卷第6期,第250页。
⑤ Chuang, C.:《中国之将来与欧洲之地位》,第251页。
⑥ Chuang, C.:《中国之将来与欧洲之地位》,第252页。
⑦ Chuang, C.:《中国之将来与欧洲之地位》,第253页。

勒（Adolf Hitler, 1889—1945）上台，世界大战一触即发。在第三卷第四期，即民国二十六年一月（1937 年 1 月），朱家骅在《给我的德国朋友》（*An meine deutschen Freunde*）中表示对德国形势的担忧，并向德国友人发出警告。作为德国民族的"良友"，中华民族虽然经历种种苦难，但仍"抑强扶弱不念旧恶"，为"永久的和平"[1] 奋斗。朱家骅认为德国人目前所做的事情是一种"急进的行为"，"光明之路"是"鉴戒""已往的痛苦"，"咬紧牙齿为和平而奋斗"[2]。他继而警告德国不要成为"第二次大战的罪魁"[3]，使全世界蒙受苦难。回顾历史，朱家骅之肺腑之言并非杞人忧天。

### 三、剑拔弩张的中日关系

日本在明治维新后，奉行军国扩张主义，觊觎邻邦，与中国关系一度紧张。《德文月刊》关注日本的侵华动向。报道《美报发表日本秘密计划》（*Eine amerikanische Zeitung veröffentlicht japanische geheime Pläne*, II. 6:300）和《日本拟增兵满洲》（*Japan beabsichtigt, seine Soldaten in der Mandschurei zu vermehren*, II. 6:303）揭露了日本增强对满洲和朝鲜的渗透野心。在报道《首都各界议决抵制日货》（*Alle Kreise der Hauptstadt beschließen, japanische Waren zu boykottieren*, II. 8: 400）中，北京各界反对侵略满蒙运动委员会决定抵制日货。报道《汕头排日运动》（*Die japanfeindliche Bewegung in Swatau*, II. 8: 404）展现了汕头民间组织效法广东，研究日本的经济侵略主义，分析排斥日本货物的

---

[1] 朱家骅：《给我的德国朋友》，《德文月刊》第 3 卷第 4 期，第 105、103 页。
[2] 朱家骅：《给我的德国朋友》，第 104 页。
[3] 朱家骅：《给我的德国朋友》，第 105 页。

方法。

20世纪二三十年代，日本侵华野心昭然若揭。到了民国二十五年（1936），中日关系已是剑拔弩张。民国二十五年十月二日（1936年10月2日），京沪各报签署共同对日宣言，体现社会责任感。《德文月刊》作为中国报刊业的一部分，同仇敌忾，于民国二十五年十一月（1936年11月）在第三卷第二期转载并翻译本宣言。国家存亡是国民之责任，而京沪各报的诉求为，在此两国关系濒临决裂之时，敦促"邻邦同业""发挥正论"，转告"日本朝野"，谋求恢复常态，中日两国"相互提携"，"共赴荣盛"①。

第三卷第三期的《中国的青年心理》（Die Stimmung der heutigen Jugend in China）译自《大公报》民国二十五年十月二十六日（1936年10月26日）的报道。文章展现了国难之下，青年对此前幼稚的爱国行径的修正，对于民族救亡的心理发生转变：

> 我们……觉悟到，救亡事业是一个长期的艰苦斗争，需要真实的力量，真实的准备。热血的奔腾不是救亡事业的全部，热情澎湃更需要坚忍的意志和坚强的能力，因此我们需要沉着地及时好好学习生活和救亡的知

---

① 《京沪各报对中日关系共同宣言》，《德文月刊》第3卷第2期，第45—46页。译者不详。

识，好好地求学，以增强自己的战斗能力。①

文章正告日本人士，改变"奔走呼号"②的方式，并不是青年人削弱了爱国的情感；而是改为勤修内功，以另一种方式寻求救亡道路。

## 第三节　大学教育与同济校史

### 一、大学教育

作为一份面向学生的刊物，《德文月刊》自然是重视教育的。第一卷第八、九期引威尔士③（H. G. Wells, 1866—1946）之论述："中国学校增加，教育扩充；但学校及教育所在之所，即将来发达之区"。④这番言语其实作为补白出现，大有呼应前面一篇专论德国大学的长文。

这篇长文由魏以新译出，题为《德国大学和留学德国现状》（*Die*

---

① 原文为："[ W ]ir meinen vielmehr, dass die Rettungsarbeit ein langer, mühevoller Kampf sei, der der wirklichen Kraft und reifen Vorbereitung unbedingt bedarf. Die patriotische Begeisterung allein führt nicht zur Rettung. Das starke Gefühl braucht noch einen starken Willen und Ausdauer. Deshalb sollen wir den Gleichmut finden, bei Zeit alle Kenntnisse für die Rettung zu erwerben, um unsere Kampfkraft zu vermehren." 中德文见于《中国的青年心理》，冯可大译，《德文月刊》第 3 卷第 3 期，第 96 页。

② 《中国的青年心理》，第 95 页。

③ 《德文月刊》在脚注中介绍：威尔士"为英国现在之最有名之著作家，所作大半为小说，尤为社会小说。近著世界史大纲，英美人士，读者甚多，德国已有译本，中文译本，不久亦将由商务印书馆出版，在报章上，亦常有其政治论文"。可看出编辑部阅读广泛，对社会和文化新事物和出版新事物保持敏锐度，并将《德文月刊》与之联系起来。

④ ［英］威尔士:《中国之学校》，《德文月刊》第 1 卷第 8/9 期，第 252 页。

deutschen Universitäten und das Studium der Ausländer in Deutschland），出自德国刊物《为外人设之德国研究院报告》（Mitteilungen des Deutschen Instituts für Ausländer）。译文的出现符合当时中国的教育需求。民国时期，中国知识精英层掀起留学潮，欧美，其中德国，是热门的留学目的地。该文用数字指出，第一次世界大战结束后，外国人赴德留学之潮流"又复风起云涌"①，而外国人中，中日学子的数量不少。而 20 世纪 20 年代，同济大学也掀起一股留德热潮，民国十年（1921）赴德学生逾百人。②

文章明显受达尔文派进化论影响，认为中西交通大开，一种"国际的精神生活"（ein internationales Geistesleben）形成，民族之间存在竞争，竞相从事文化建设工作。德国大学是"纯粹研究学术和教人研究学术方法的机关"；"个性自由"是其学制的特征。③至于德国在自然科学和医学上取得的成就，文章认为：

> 德国学术的发达，当归功于两事：第一，发现一新原理，不是假诸偶然，乃是基于精密的研究方法和锲而不舍的实验；第二，大学者对于他的研究法，不守秘密，却传之于大学中的少年学者。④

这段话试图揭示德国学术昌盛的缘由，并介绍"种种俱有，各个不同"⑤是德国历史和人文赋予德国大学的特点。文章在后半部分介绍了德国大学的概貌、分布和外国人在德国学习的基本

---

① 《德国大学和留学德国现状》，魏以新译，《德文月刊》第 1 卷第 8/9 期，第 250 页。
② 参见翁智远、屠听泉主编：《同济大学史 第 1 卷 1907—1949》，第 51-53 页。
③ 《德国大学和留学德国现状》，第 245—246 页。
④ 《德国大学和留学德国现状》，第 245—246 页。
⑤ 《德国大学和留学德国现状》，第 247 页。

情况。①

第三卷分两部分刊登了柯勒②（Gottfried Koller, 1902—1959）的长文《理学院在中国的意义》（*Über die Bedeutung naturwissenschaftlicher Fakultäten für China*）。与欧特曼一样，柯勒肯定了中国的情感世界与自然之间的紧密联系：

> 在全世界上，那种在中国人民里散布的对于自然界极小的物品，如像对于鸟、鱼、昆虫、花卉的爱好可算是独一无二的了。在沉寂的私宅里，有多少中国人都是奇特的鱼类的鉴赏和培养的名家。③

这番言论包含了对中国人和中国生活的细微观察，甚至察觉，不少中国的节日是"自然节"④，而中国绘画和自然的纽带有史以来一贯紧密。

柯勒的论述有学科建设的背景。他介绍，同济大学校长翁之龙下定决心开设理学院。柯勒进而指出在中国发展自然科学的重要性：

> 纵使我们在中国人民各阶级中都见有对于自然的爱好同关于自然现象的知识，但反而对于很多基础的自然律的正确认识，却还嫌不大普遍。一个人把他较近和较远

---

① 此外，第一卷第八九期第253页配图《德国高等学校一览》（Übersicht über die Hochschulen Deutschlands）。

② 据李乐曾的研究，柯勒曾在民国二十三年十一月（1934年11月）至民国二十七年十月（1938年10月）在同济大学医科任教授，主讲动物学、普通生物学、寄生物学。参见李乐曾：《德国对华政策中的同济大学（1907—1941）》，第294页。

③ ［德］G. Koller：《理学院在中国的意义》，李福蓉、毛钟理译，《德文月刊》第3卷第4期，第107页。

④ ［德］G. Koller：《理学院在中国的意义》，第107页。

的周围世界同关于这世界的法则弄得明了，无疑已经算是各种学识的基本。自然科学课程就为了这种目的。[①]

柯勒认为，化学和物理是自然科学研究的基础；与之有密切关系的矿物学不容忽视；生物学作为"研究生活现象的学问"，事关重大，因"人活着，也当知道，怎样生物的现象演化出生活来"[②]。发展自然学科，对中国的发展有促进作用。最后，柯勒强调，这也能使"傍着中国人一向所培养的自然'爱'，'自然知识'也得到它的权位"[③]。

## 二、同济大学校史

《德文月刊》翻译不少同济新闻，记载了数段校史。第三卷第二期起增设《同济消息》栏目，报道同济大学的相关消息。在其刊发的过程中，它历经了同济大学史上两个重要的发展节点。一是民国十三年（1924）同济大学落成典礼，二是同济大学三十周年纪念日。

正如前文提及，民国十二年（1923）是同济大学校史的转折点，校董会拟定校名"同济大学"，申请将医、工两科同时改为大学。教育部同意校名，"照准备案"，这意味着同济脱离"学校""学堂"之名，迈入高等院校之列，但教育部不同意医科改制为大学，勒令"扩充整理"。[④]翌年 5 月 20 日，医工批准改为大学。在此两天前，即 5 月 18 日，同济大学新校舍落成礼举办，到

---

①　［德］G. Koller：《理学院在中国的意义》，第 107 页。

②　［德］G. Koller：《理学院在中国的意义》（续），李福蓉、毛钟理译，《德文月刊》第 3 卷第 5 期，第 138、139 页。

③　［德］G. Koller：《理学院在中国的意义》（续），第 140 页。

④　参见同济大学档案 1-LS11-491　转引自翁智远、屠听泉主编：《同济大学史 第 1 卷 1907—1949》，第 24 页。

场之人有德国公使博邺（Adolf Boyé，1869—1934）的代表卫礼贤、德国领事提尔（Fritz August Thiel，1863—1931）、德国远东协会代表林德（Max Linde，1862—1940）等。校长阮尚介、工科教务长贝伦子（B. Berrens，又译培仑子，1880—1927）和医科教务长柏德（Eduard Birt，1880—1957）等人分别致辞，强调建设之艰辛以及中德合作之重要性。

阮尚介，作为同济大学史上最年轻的校长，心怀"工业救国"[①]的抱负，在致辞中强调建设之不易，"敝校屡经挫折，几濒于危"，幸得中德双方匡助，[②]才有相当的大学规模。同济大学被德方视为"中德文化沟通之唯一机关"[③]，从莅临的嘉宾名单便可看出德方的重视程度。言语之中，阮校长也有回应国内对同济大学身份的质疑，澄清事实之意：中国"一部分人疑（同济大学，笔者加）为德国学校，殊不知吾是主体，友邦之政府人民，鉴于中德文化沟通之必要，十分补助，我主人翁之国人，应如何爱护也"[④]。阮校长着力消除国内对同济大学性质的疑问，这对于从国内集聚力量发展学科，有着积极的意义。

贝伦子以工科教务长的身份致辞，文稿题为《同济大学工科落成礼纪念》（*Zur Einweihung der Tung-Chi Technischen Hochschule*）。贝伦子认为，同济大学"实为中德之合作物"，"表彰德国工业发达之高钢桅上，招扬中国之国旗，而其内则仍然有

① 参见翁智远、屠听泉主编：《同济大学史 第 1 卷 1907—1949》，第 243 页。
② 阮尚介特别感谢了袁观澜、萨鼎铭、沈商耆、卢绍刘等的支持，"与我人同经苦境"，"乃今日基础巩固之日"，参见阮尚介：《同济大学落成礼校长开会词》，《德文月刊》第 1 卷第 6/7 期，第 187—188 页。
③ 阮尚介：《同济大学落成礼校长开会词》，第 188 页。
④ 阮尚介：《同济大学落成礼校长开会词》，第 189 页。

德国合作之成绩"；德国工业虽因战事遭受打击，但捐赠并不少，因"对于中国之信仰与友谊之情感"不可动摇①。

医科教务长柏德在致辞中表露了作为一名医者的济世情怀和世界主义：

> 吾辈医士……尤足坚固自德来华之理想，即与人类之痛苦作战，若吾人为是理想而苦斗而工作，则吾人之作战为人类谋幸福而改良其命运，实高尚而道德者也。吾人所供之科学，富而且美，不易精通，故吾人尤喜值此庆祝之日，得以在华境内为华人造——永恒之研究机关，以继续同一之理想而工作。②

与欧特曼教授一样，柏德也心怀运用西学为中华学术助力的目的：

> 吾人之目的为将医学上之新学术，灌输于中国，俾本校生徒于积年累月及渊博之研究后，能为有力之大学教授，对于近代学术，加以黾勉之探求，而且使之具慈悲心肠，减少其祖国之痌苦，以治疗病疾与困穷之人。③

对于德国科学之发达，国人心折首肯。沈恩孚赞："科学，世

---

① ［德］培仑子：《同济大学工科落成礼纪念》，谢维耀译，《德文月刊》第1卷第5期，第145页。

② ［德］培仑子：《同济大学工科落成礼纪念》，第147—148页。

③ ［德］培仑子：《同济大学工科落成礼纪念》，第149页。

界所公有也，无国际①。而以科学名满世界者，德为最。"②时任校董的黄炎培也撰序，从幼时阅读经历谈起，回顾青年时期对德国货物的印象：

> 余少时乡居就塾，读至世界史，即知欧洲大陆有德国，其民精进强毅，邃于各种科学；而医学、工程学二科，在世界各国中，尤推为第一，不禁心向往之。既壮，来上海，上海市民有谚，凡物精美坚固，毫无瑕疵或破绽者，率称之为"茄萌货"，非必其为德国产也，其意以为德国货，无一不精美坚固，故凡物之精美坚固者，虽非德国产，皆得以"茄萌货"三字荣之。一若以此为评定一切物之标准者，然余既深叹舆论之至公，而尤善夫信仰德国者之不仅余一人，几遍于一般社会也。③

而黄炎培称赞德国制造仪器的质量，告诫学子，珍惜学习机会，读书修身。

民国二十六年（1937），正值同济大学成立30周年。《德文月刊》第三卷刊载朱家骅和周尚之文，以示庆祝。同济大学与往昔大不相同，民国十六年（1927）晋升为国立大学，学科开设渐趋齐全，与民国十三年（1924）的光景不可同日而语。朱家骅在《国立同济大学卅周纪念》（*Der Staatlichen Tung Chi Universität*

---

① 中文原文如此，"国际"一词对应德文翻译"Landesgrenzen"（国界），因此笔者认为"国际"为"国界"之笔误。
② 沈恩孚：《德国各工厂赠与同济大学仪器纪念册序》，《德文月刊》第1卷第6/7期，第191页。
③ 黄炎培：《德国各工厂赠与同济大学仪器纪念册序》，《德文月刊》第1卷第6/7期，第193页。

*zum 30. Jahrestag ihrer Gründung*）中回顾了同济大学，特别是同济大学中学部的历史变迁，感叹："吾国人奋起努力至有今日之规模者，实由国人对德国之同情心，及对德国科学之信服心。"[①]朱家骅认为同济大学的发展基于国人对德国的好感和信任。

周尚在《同济大学教育之展望》（*Ausblick auf die künftige Erziehung in der Staatlichen Tung Chi Universität*）中强调"教育之使命"，在于"青年德智体群之训养"，而"修养品德""锻炼体格"尤为重要[②]。同济大学务必使"学校社会化""生活纪律化"，使学生养成"有礼守法之习惯"，"充实国家之元气"，"服务社会"[③]。

《德文月刊》涉及同济大学史的文章目录辑录如表 2 所示。

表 2　涉同济大学校史文章总表

| | |
|---|---|
| 第一卷第五期 | 培仑子（贝伦子）：《同济大学工科落成礼纪念》（*Zur Einweihung der Tung-Chi Technischen Hochschule*） |
| | 柏德：《同济大学医预科落成礼纪念》（*Zur Einweihung des Vorklinikums der Medizinischen Fakultät zu Woosung*） |
| 第一卷第六、七期 | 阮尚介：《同济大学落成礼校长开会词》（*Eröffnungsansprache des Direktors der Tung-Chi Universität Herrn Dr. Ing. S. D. Yuan*） |
| | 沈恩孚：《德国各工厂赠与同济大学仪器纪念册序》（*Geleitwort des Herrn Schën ën-fu zu einem Verzeichnis der von deutschen Fabriken der Tung-Chi Universität geschenkten Maschinen*） |
| | 黄炎培：《德国各工厂赠与同济大学仪器纪念册序》（*Geleitwort des Herrn Huang Yen-pei zu demselben Verzeichnis*） |

---

① 朱家骅：《国立同济大学卅周纪念》，《德文月刊》第 3 卷第 10 期，第 302 页。
② 周尚：《同济大学教育之展望》，《德文月刊》第 3 卷第 9 期，第 263—264 页。
③ 周尚：《同济大学教育之展望》，第 264 页。

续表

| 第二卷第八期 | 《同济同学会》(*Die Studentenvereinigung der Tung-Chi-Universität hat gestern abend* ① *ein gemeinsames Abendessen veranstaltet*) |
|---|---|
| 第三卷第二期 | 《同济消息》(*Berichte über Tung-Chi*)报道法兰克福中国学院聘翁之龙为名誉董事 |
| 第三卷第四期 | 《同济消息》栏目两篇报道（无中译）:*Mitwirkung der Tung-Chi Universität am neuen städtischen Krankenhaus, Geldspenden für die Suiyuan-Verteidiger* |
| 第三卷第五期 | 《同济消息》栏目报道:《师生恳谈会》(*Wöchentlicher Unterhaltungsabend zwischen Dozenten, Beamten und Studenten unserer Universität*) |
| 第三卷第九期 | 周尚:《同济大学教育之展望》(*Ausblick auf die künftige Erziehung in der Staatlichen Tung Chi Universität*) |
| | 《同济消息》栏目报道《第三届德国威廉学校与同济附中运动大会》(*Der 3. leichtathletische Wettkampf zwischen der Tung-Chi Mittelschule und der deutschen Kaiser-Wilhelm-Schule*) |
| 第三卷第十期 | 朱家骅:《国立同济大学卅周年纪念》(*Der Staatlichen Tung Chi Universität zum 30. Jahrestag ihrer Gründung*) |
| | 周尚:《同济大学教育之展望》(*Ausblick auf die künftige Erziehung in der Staatlichen Tung Chi Universität*) |
| | 《同济消息》栏目报道《同济大学三十周年纪念》(*Die Tung-Chi Universität 30 Jahre*) |

---

① 应为 Abend, 此处应为印刷错误。——作者注

# 第六章　语言习得与广告

## 第一节　语言与语言习得

《德文月刊》应德语学习需要而诞生，在"发刊宣言"中，德文月刊社述：

> 世界战争以前，中国有两种提倡德语学习的刊物，一为《自西徂东》(West-östlicher Bote)，系由青岛特别高等专门学校翻译部出版；一为《济宁德华学报》(Leuchtturm)，系由济宁中西中学刊行……[1]

这两份报刊在《德文月刊》创刊前停刊。对于同济大学的德语学习者来说，"缺乏""适当的读物"，因"德文智识之在中国，远不及英文之发达"，适当的语言读物有很大缺口[2]：书店仅提供教材，图书馆的德文藏书"太艰深且太学术化"[3]。现实的困顿是同济学子办刊的外在驱动力。

引人注目的是，当时一批来华外人和传教士受殖民目的驱

---

① 同济大学中学部德文月刊社：《发刊宣言》，第1页。
② 实际上，民国十二年二月(1923年2月)，天津德华学会(der Deutsch-Chinesische Studienverein)创立德语学习刊物《德华杂志》(Deutsch-Chinesische Zeitschrift)，但该刊目前佚失情况严重，推测影响较为有限，因此德文月刊社未接触该刊也是情理之中的事。
③ 同济大学中学部德文月刊社：《发刊宣言》，第1页。

动，扬洋贬华，因此否定中华文化和传统。《德文月刊》与之有着本质区别。作为一份德语学习刊物，它虽未专门探讨中文，但从选择的文章透露出的倾向和观点，我们可看出它尊重和平等看待中国的语言文化。

巴格尔（Erich Pagel）著《世界重要之语言》（*Die Hauptsprachen der Erde*），根据第一次世界大战后的世界人口调查，告知读者世界第一大语言是中文①。另一篇论述语言的文章出自桑德满之手。在《德语的略史》（*Kurze Geschichte der deutschen Sprache*）中，桑德满历时地盘点了德语的形成，文末关于语言与民族的论述可谓画龙点睛。他认为："文字或为一民族间最有力之绷带也"，语言分歧会导致德国"政治上的分裂"，书面语"阻止"并维系了语言的一致性。他进一步发表看法：

> 中国语亦有多种彼此相左之方言，却能借公同之象形文字以联合为一气。苟无公同承认之代替品以废去原有之象形文字，对于中华民族的统一，是一定很危险的。②

桑德满此话有所指。"五四"之后，在否定传统、接受西学的文化氛围中，新文化人群对文字达成一定的普遍认识，即从工具性的角度来看，西方的字母文字优于中国的传统汉字，③形成一

---

① ［德］巴格尔：《世界重要之语言》，魏以新译，《德文月刊》第2卷第4期，第145页。

② 原文为："Auch die chinesische Sprache hat viele Mundarten, die voneinander abwichen und die doch alle durch das Band der gemeinsamen Zeichenschrift zusammengehalten werden. Diese Zeichenschrift zu beseitigen, ohne einen allgemein anerkannten Ersatz dafür zu haben, ist sicher nicht ungefährlich für die Einheit des chinesischen Volkes." 中德文参见桑德满：《德语的略史》，第34页。

③ 参见湛晓白：《拼写方言：民国时期汉字拉丁化运动与国语运动之离合》，《学术月刊》2016年第11期，第165页。

股倡导汉字拉丁化的热潮。20 世纪 30 年代，中国知识分子对新文字运动展开论辩，左翼文人呼吁"打倒方块字""完成拉丁化"[①]。而桑德满在 20 年代便已指出废除象形文字对民族性的危害，不得不说，这一意见是有进步意义的。

对于语言习得，《德文月刊》也曾提供方法指导："习外文者，欲直接而自然地畅谈，舍累万外，必须利用其他机会，以习于言语之用法，此至要者也。"[②] 比外，第二卷第一、二期分两部分刊登和翻译德国教员鲁木夫（W. Rumpf）之文《怎样学习德文》（*Wie man Deutsch lernt*）。而《谙习七十种语言者》（*Der Mann, der 70 Sprachen konnte*）介绍了"人类之自然奇迹"[③]——爱弥尔·克来勃斯（Emil Krebs），似有为语言学习者树立榜样之意。

技能型语言习得文章（如语法、会话和文牍）篇幅不大，但却是固定栏目。语法规则栏目受读者欢迎，编辑部解释："中国现尚无较佳之德文文法书籍，实为学德文者之大不幸。本刊向注意于此，自第二卷起，拟更振作精神，每期将文法一栏，扩充至平均四页，稍解学德文者之厄运。"[④]

通篇来看，《德文月刊》涉及的语言现象多种多样，放到现今也是实用的。

---

① 公刘：《鲁迅和新文字运动——新文字浅说之一》，香港《大公报》1949 年 10 月 19 日，转引自：《公刘文存 序跋评论卷》第 1 册，刘粹编，安徽文艺出版社 2018 年版，第 50 页。

② 姚耀南译述：《学校用语》，《德文月刊》第 2 卷第 5 期，第 225 页。

③ ［德］Hans Winter：《谙习七十种语言者》，张继正译，《德文月刊》第 3 卷第 5 期，第 163 页。

④ 德文月刊社：《致读者》，第 404 页。

# 第二节　广　告

《德文月刊》刊登了丰富多样的广告，除教育类广告，还有不少商业类广告。德文月刊社在编辑第一、二卷时，并未获得校方资金支持，因此商业广告对于支撑其生存而言至关重要。《东方舆论》在介绍月刊之余，呼吁为了"促进"刊物的存在，也由于其销量，德国工业界该联系《德文月刊》，刊登广告，推广自己。①

到了第二卷，《德文月刊》的影响与日俱增，前来刊登广告的商家增多，如第二卷第四期有 14 则广告。第二卷还列出详细的"广告价目表"，明码标价，并说明："广告概用白纸黑字"，如需彩印，需进一步接洽。

从笔者掌握的情况来看，第一、二卷的广告可分为如下几类。

商业类：数量较多的一类广告（部分广告见下图）。其中雅利洋行、汉运洋行、Melchers & Co.、Hamburg Amerika Linie、Leiss Mikroskope、德国煤铁大王汉柯史汀氏 Hugo Stinnes、Agfa Photo-Artikel、哥那生白浊丸（Gonosan）、上海中国西门子公司、德国煤铁大王汉柯史汀氏、普鲁孟泰粉、健体安脑药片（Bromural）等企业、产品和药物广告。此外还有为个人刊登的广告，如为建筑工程师苏尔、牙科医生马仕培（Deutscher Zahnarzt Dr. C. Mosberg）、《德文月刊》编辑吴子敬（德文补习）等刊登的广告。

---

① 参见 „Bericht des Verbandes für den Fernen Osten E. V. über das Geschäftsjahr 1924 ", S. 66。

廣 告 價 目 表

| 地位 | 面積 | 期一 | 期二 | 半年四期 | 全年八期 |
|---|---|---|---|---|---|
| 底封面之外面 | 全面 | 五十元 | 九十五元 | 一百七十元 | 三百元 |
| 封面及底封面之內面 | 全面 | 三十四元 | 五十五元 | 九十五元 | 一百七十二元 |
| 及對面 | 半面 | 十八元 | 三十二元 | 五十八元 | 一百元 |
| | 四分之一面 | 十一元 | 二十元 | 三十八元 | 七一元 |
| | 八分之一面 | 六元 | 十一元 | 二十元 | 三十六元 |
| 普通 | 全面 | 十五元 | 二十六元 | 四十六元 | 八十元 |
| | 半面 | 八元 | 十五元 | 二十六元 | 四十元 |

（附註）廣告槪用白紙黑字,如欲用色紙彩印及繪圖製版,價目請投函本社廣告股接洽. 迤登多期,價目從廉.

图 16 广告价目表

图 17 广告

文化类：为出版社和期刊刊登的广告，如商业印字房（A. B. C. Press）、同济大学学生会出版的《同济生活》、同济大学医科教授组织的刊物《同济医学月刊》、崇德医科大学出版的《新同德》（*TSUNG-DAI Medical Journal*，原为《德同医药学》），以及为《民铎杂志》刊登的目录广告。

第三卷复刊号并无广告。第二期开始刊登广告，广告数量不少，来源丰富。

商业类：为德商爱礼司洋行销售的化学肥料、阴丹士林、上海孔士洋行机器部、Agfa Isochrom Film、新华信托储蓄银行、协兴运动器具厂、The Welcome Pharmacy、国立同济大学实习工厂、德国商店 W. Eckert、Garten gegen Schmerzen und Unbehagen、五洲乳白鱼肝油、余昌洋服号、飞鹰（摄影）、人造自来血、五洲地球蚊香（彩页）、良丹等，此外有为黄又牙医师等个人刊登的广告。

文化类：上海龙门书局、同济图书合作社、东方杂志、远东设立最早之唯一德国图书公司壁恒图书公司、德文旧书店 W. Eckert、英文中国年鉴、商务印书馆编印《大学书业》、《德文远东新闻报》（*Ostasiatischer Lloyd*）、商务印书馆出版特价修学工具书、商务印书馆中国文化史丛书第二辑、商务印书馆比较教育丛书和公民教育丛书、世界书局发行国学名著。

阴丹士林、五洲地球蚊香和良丹皆为彩色广告。其中,阴丹士林布料品牌在 20 世纪二三十年代使用"以美制胜"[1] 的广告策略,投入大笔资金聘请当红明星、美貌女子拍摄彩色招贴画,成为当时当红的知名品牌。知名品牌登门洽谈广告合作,由此可见《德文月刊》在国内的影响力。

图 18　阴丹士林的广告(一)

图 19　阴丹士林的广告(二)

① 孙孟英编著:《影记沪上 1843—1949 招贴画》,生活·读书·新知三联书店 2018 年版,第 36 页。

# 附　录

## 附录一　歌德作品翻译补遗 [①]

### 一、格言和箴言

1.《最好的政府》(*Die beste Regierung*，第一卷第二期第 49 页)

Welche Regierung die beste sei? Diejenige, die uns lehrt, uns selbst zu regieren. 哪一个是最好的政府呢? 教我们自治的就是。

2.《半愚半智》(*Von den Halbnarren und Halbweisen*，第一卷第二期第 54 页)

Toren und gescheite Leute sind gleich unschädlich. Nur die Halbnarren und Halbweisen, das sind die gefährlichsten. 愚者和智者都无害处，唯有半愚半智者是最危险的。

3.《正直的——公平的》(*Aufrichtig — unparteiisch*，第一卷第二期第 63 页)

Aufrichtig zu sein, kann ich versprechen, unparteiisch zu sein aber nicht. 我能允许正直的，而不能允许公平的。

4.《爱真理》(*Wahrheitsliebe*，第一卷第三期第 74 页)

Wahrheitsliebe zeigt sich darin, daß man überall das Gute zu finden und zu schätzen weiß. 爱真理的表现，是人能知道随处觅至善而宝之。

5.《阶级》(*Die Stufen*，第一卷第三期第 88 页)

Der Mensch hat verschiedene Stufen, die er durchlaufen muß, und jede Stufe führt ihre besonderen Tugenden und Fehler mit sich, die in der Epoche, wo sie kommen, durchaus als naturgemäß zu betrachten und gewissermassen recht sind. Auf der folgenden Stufe ist er wieder ein anderer; von den früheren Tugenden und Fehlern ist keine Spur mehr; aber andere Arten und Unarten sind an deren Stelle getreten. Und so geht es fort bis zu der letzten Verwandlung, von der wir noch nicht wissen, wie wir sein werden.

人必须经过各种阶级，各阶级中有道德和过失，这种在一定时期中应认为自然的，而且有几分是对的。由一阶级而至于第二阶级时，完全不同了；从前的道德和过失，已不留形迹；然而别种是非已来代替从前的了。这

---

① 非首刊的译文不再赘录。中文原为繁体字，此处录入简体字。

样一直到末次的变化，这次变化后怎样，我们还未知道。

6.《历史的至宝》(*Das Beste der Geschichte*，第一卷第三期第 99 页 )

Das Beste, was wir von der Geschichte haben, ist der Enthusiasmus, den sie erregt. 我们在历史中所得的至宝是他激励我们的奋感。

7.《志愿与行为》(*Wollen und Tun*，第一卷第四期第 119 页 )

Es ist nicht genug zu wissen: man muß auch anwenden; es ist nicht genug zu wollen: man muß auch tun. 但知是不够的，还当善用；但愿是不够的，还当实践。

8. 无题 ( 出自《同济大学工科落成纪念》，第一卷第五期第 143 页 )

Tages Arbeit, abends Gäste ! 　白昼做工，晚间会客！

Saure Wochen, frohe Feste ! 　辛苦数周，愉乐过节！

9.《诐说嚣张》(*Irrtum obenauf*，第一卷第五期第 177 页 )

Die Welt ist jetzt so alt, und es haben seit Jahrtausenden so viele bedeutende Menschen gelebt und gedacht, daß wenig Neues mehr zu finden und zu sagen ist. Aber man muß das Wahre immer wiederholen, weil auch der Irrtum um uns her immer wieder gepredigt wird, und zwar nicht von einzelnen, sondern von der Masse. In Zeitungen und Enzyklopädien, auf Schulen und Universitäten: überall ist der Irrtum obenauf, und es ist ihm wohl und behaglich im Gefühl der Majorität, die auf seiner Seite ist.

这个世界直到现在，年代已久了，几千年来，不知道出了多少名人，用了多少心思，可以说新的东西再也难以寻得，再也难于讲出了。但是我们必须常常把真理反复重提，因为诐说包围着我们，也不止在那里宣扬，并且不但出之于个人，却还出之于群众呢。报纸上、百科全书里、学校里，诐说到处嚣张着，它借着民众多数的协助，越是方便而且自若。

10. 第一卷第十一期第 360 页：

Freudigkeit ist die Mutter aller Tugenden. 活泼进取为一切道德之母。

11.《论国家与政府》(*Über Staat und Regierung*，第二卷第三期第 137 页 )

Republiken hab' ich gesehen und das ist die beste, 以余所见，最佳之共和国，
Die dem regierenden Teil Lasten, nicht Vorteil gewährt. 只与治者以责任而不以权利。

12. 第二卷第三期第 137 页：

Bald — es kenne nur jeder den eigenen, gönne dem andern seinen Vorteil, so ist ewiger Friede gemacht. 人可自知其利，以其利让诸他人，则可得永远之和平。

13. 第二卷第三期第 137 页：

Keiner bescheidet sich gern mit dem Teile, der ihm gebühret, / Und so habt ihr den Stoff immer und ewig zum Krieg. 无人以自己应得者为满足，故常有战争之资料。

14. 第三卷第四期第 106 页：

Wie Kirschen und Beeren behagen, 樱桃和莓子怎样适口，
Musst du Kinder und Sperlinge fragen. 你必须问儿童和麻雀。

15. 第三卷第四期第 115 页：

Wer ist ein unbrauchbarer Mann?　谁是一个没用的人？
Der nicht befehlen und auch nicht gehorchen kann. 他是既不能令，又不受命。

## 二、诗歌

1. 诗歌《In die Fremde wandern》

| | |
|---|---|
| Bleibe nicht am Boden heften, | 勿黏在地上， |
| Frisch gewagt und frisch hinaus! | 欣然试起去！ |
| Kopf und Arm mit heitern Kräften, | 头脑臂膀力， |
| Überall sind sie zu Haus. | 源源到处是。 |

2. 梁俊青译《寻得矣》

| | |
|---|---|
| Ich ging im Walde | 我独步林中 |
| So für mich hin, | 踽踽信足行， |
| Und nichts zu suchen, | 漫无思与索， |
| Das war mein Sinn. | 此乃我心情。 |
| | |
| Im Schatten sah ich | 我见彼阴中 |
| Ein Blümchen stehn, | 小花亭亭立， |
| Wie Sterne leuchtend, | 闪烁似明星， |
| Wie Äuglein schön. | 盈盈秋水煜。 |
| | |
| Ich wollt' es brechen, | 我欲折彼姝， |
| Da sagt' es fein: | 彼姝低声说： |
| "Soll ich zum Welken | "我岂应飘零 |
| Gebrochen sein?" | 任人攀与折？" |
| | |
| Ich grub's mit allen | 我因怜彼姝 |
| Den Würzlein aus. | 连根自泥掬， |
| Zum Garten trug ich's | 移植花园中 |
| Am hübschen Haus | 围以黄金屋。 |
| | |
| Und pflanzt' es wieder | 彼姝复滋茂 |
| Am stillen Ort; | 静处自芳菲； |
| Nun zweigt es immer | 枝叶从今发 |
| Und blüht so fort. | 花开无已时。 |

3. 梁俊青译《掘宝者》

| | |
|---|---|
| Arm am Beutel, krank am Herzen, | 袋里无钱，心中多病， |
| Schleppt' ich meine langen Tage. | 这样无聊的日子要我挨尽。 |
| Armut ist die größte Plage, | 贫穷真是大灾星， |
| Reichtum ist das höchste Gut! | 富贵总是最高的福庆！ |
| Und, zu enden meine Schmerzen, | 我想免除心头的痛苦， |

Ging ich, einen Schatz zu graben.
Meine Seele sollst du haben!
Schrieb ich hin mit eignem Blut.

Und so zog ich Kreis' um Kreise,
Stellte wunderbare Flammen,
Kraut und Knochenwerk zusammen:
Die Beschwörung war vollbracht.
Und auf die gelernte Weise
Grub ich nach dem alten Schatze
Auf dem angezeigten Platze:
Schwarz und stürmisch war die Nacht.

Und ich sah ein Licht von weiten,
Und es kam gleich einem Sterne
Hinten aus der fernsten Ferne,
Eben als es zwölfe schlug.
Und da galt kein Vorbereiten.
Heller ward's mit einem Male
Von dem Glanz der vollen Schale,
Die ein schöner Knabe trug.

Holde Augen sah ich blinken
Unter dichtem Blumenkranze;
In des Trankes Himmelsglanze
Trat er in den Kreis herein.
Und er hieß mich freundlich trinken;
Und ich dacht': es kann der Knabe
Mit der schönen lichten Gabe
Wahrlich nicht der Böse sein.

Trinke Mut des reinen Lebens!

Dann verstehst du die Belehrung,
Kommst mit ängstlicher Beschwörung,
Nicht zurück an diesen Ort.

便去掘寻一种宝珍。
你恶魔也许要我的灵魂罢!
我愿用我的血和你订盟。

我用剑画成圈圈,
架起神异之火,
把野草和骷髅投入火间:
我向恶魔的宣誓便成全。
我用灵巧的方法
掘取古代的殊珍
在那仙杖指示的郊原:
啊,这正是钟鸣十二的夜间。

我远远看见一点明光发现,
像颗明星似的
来自那遥遥的天边,
这正是钟鸣十二的夜间。
蓦转眼尚未提防。
忽的一道豪光
从那一个美丽的小孩携着的,
满盛着琼浆的玉卮里发放。

我看见他仁慈的星眸闪动
在那密缀的花圈底下;
他披着玉卮里琼浆的豪光
踏进这魔圈之中。
他亲切地叫啜饮;
我也心中暗想:这小孩
带来甘美明亮的赐品
决不是要我灵魂的妖怪。

小孩对我说:你要吸饮真纯
的生命之勇!
你便会知晓我的忠言,
你这般忧惧恶魔的誓约,
你便不要留恋这郊原。

Grabe hier nicht mehr vergebens.
Tages Arbeit! abends Gäste!
Saure Wochen! Frohe Feste
Sei dein künftig Zauberwort.

你不要空想握 ① 藏宝！
你要日里工作！夜里乐群！
辛苦数周！快活过节！
这便是你将来的福分。

4. 俞敦培译《猎户离别曲》

Im Felde schleich' ich still und wild
Gespannt mein Feuerrohr, —
Da schwebt so licht dein liebes Bild,
Dein süßes Bild mir vor.

擎炝猎原上，
怒焉心似煎，——
焕若光华发，
荡漾艳影现。

Du wandelst jetzt wohl still und mild
Durchs Feld und liebe Tal,
Und, ach, mein schnell verrauschend Bild
Stellt sich dir's nicht einmal?

温温好女子，
珊珊渡谷阡，
哀我昙花影，
一曾现卿前？

Des Menschen, der in aller Welt,
Nie findet Ruh noch Rast,
Dem wie im Hause, so im Feld,
Sein Herze schwillt zur Last.

觅尽天涯问，
未得休与憩，
居游两不是，
心自起烦腻。

Mir ist es, denk' ich nur an dich,
Als in den Mond zu sehn; —
Ein stiller Friede kommt auf mich,
Weißt nicht, wie mir geschehn.

惟有念卿时，
恍如对明月；——
翼翼生静趣，
陶然忘言说。

## 三、戏剧

俞敦培译《上帝》：

Margarete: Glaubst du an Gott?
Faust: Mein Liebchen, wer darf sagen:
Ich glaub' an Gott!
Magst Priester oder Weise fragen,
Und ihre Antwort scheint nur Spott
Über den Frager zu sein.
Margarete: So glaubst du nicht?
Faust: Mißhör mich nicht,
du holdes Angesicht!

麦加累：汝信上帝乎？
浮士德：我爱，有谁敢说：
我信上帝？
任汝问之牧师圣哲，
彼等所答，
乃是侮慢问者。
麦加累：然则汝不信乎？
浮士德：勿误解我，
玉容之汝！

---

① 原文如此，疑为"掘"之误。

| | |
|---|---|
| Wer darf ihn nennen | 谁能加之以名乎？ |
| Und wer bekennen: | 谁能自认： |
| Ich glaub' ihn? | 我或信之？ |
| Wer empfinden | 谁能自觉， |
| Und sich überwinden | 胆敢放言， |
| Zu sagen: ich glaub' ihn nicht? | 而曰：我不信之？ |
| Der Allumfasser, | 彼统辖者， |
| Der Allerhalter, | 彼总理者， |
| Faßt und erhält er nicht | 彼非辖理 |
| Dich, mich, sich selbst? | 我汝与其自身乎？ |
| Wölbt sich der Himmel nicht dadroben? | 穹于上者，非苍天乎？ |
| Liegt die Erde nicht hierunten fest? | 临于下者，非大块乎？ |
| Und steigen freundlich blickend | 和蔼可亲，的的烁烁者， |
| Ewige Sterne nicht herauf? | 非永劫之明星，冉冉上升乎？ |
| Schau' ich nicht Aug' in Auge dir, | 目相接者，非我与汝乎？ |
| Und drängt nicht alles | 不有万端情感， |
| Nach Haupt und Herzen dir | 汹涌入汝首与心乎？ |
| Und webt in ewigem Geheimnis | 有形与无形， |
| Unsichtbar sichtbar neben dir? | 无穷之神秘， |
| Erfüll' davon dein Herz, so groß es ist, | 非缭绕于汝左右乎？ |
| Und wenn du ganz in dem Gefühle | 汝试取之充汝大胸境中！ |
| selig bist, | 若汝情感超绝， |
| Nenn' es dann, wie du willst: | 名之随汝所欲， |
| Nenn's Glück! Herz! Liebe! Gott! | 名之曰幸福！名之曰胸境！ |
| Ich habe keinen Namen | 名之曰爱情！名之曰上帝！ |
| Dafür! Gefühl ist alles; | 我实无名以称之！ |
| Name ist Schall und Rauch, | 一切惟情感； |
| Umnebelnd Himmelsglut. | 名称是等于声烟， |
| | 而为蒙蔽真情者。 |

# 附录二 卫礼贤译、著二篇

## 一、《今古奇观》之《吕大郎还金全骨肉》

卫礼贤译

Der ehrliche Finder, der seinen Sohn fand （ I ） ①

Aus den *Merkwürdigen Geschichten aus neuer und alter Zeit*

话说江南常州府无锡县东门外，有个姓吕的小户人家，兄弟三人：长名玉，次名宝，三名珍。吕玉娶妻王氏，吕宝娶妻杨氏，俱有美色。吕珍年幼未娶。

唯吕宝一味赌钱吃酒，他老婆也不甚贤德；因此妯娌不和。王氏生下一子，小名喜儿，方才六岁；一日出去看神会，至晚不回。寻了数日，全无踪迹；夫妻二人好生烦恼。

Außerhalb des Osttors der Stadt Wuhsi-im Bezirk Tschang-dschou-fu der Provinz Giangnan—lebte eine bescheidene Familie namens Lü. Es waren drei Brüder, der älteste hieß mit Vornamen Yü ( der Nephrit ), der zweite hieß Bau ( der Schatz ), der dritte hieß Dschën ( die Perle ). Der Älteste, Lü Yü, hatte eine geborene Wang zur Frau, die Frau des zweiten, Lü Bau, war eine geborene Yang. Beide Frauen waren sehr schön. Der jüngste Bruder, Lü Dschën, war noch jung und unverheiratet.

Nun hatte aber Lü Bau eine starke Leidenschaft für Spiel und Trunk. Seine Frau war auch keineswegs tugendhaft; deshalb lebten die beiden Schwägerinnen in Unfrieden. Die Frau des Ältesten gebar einen Sohn, den sie Hsi Örl ( Sohn der Freude ) nannte. Als er eben sechs Jahre alt war, ging er eines Tages aus, um einer Opferfeier zuzusehen, es wurde Abend, und er kam nicht wieder. Man suchte einige Tage nach ihm, aber es war keine Spur zu entdecken. Da wurden seine Eltern sehr besorgt und traurig.

① 原刊于《德文月刊》第2卷第5期，第211—217页。中文原文为繁体字，此处以简体字录入。原文用直角引号，此处改为双引号。下一篇亦如此。

吕玉在家气闷不遇，向大户借了些本钱，往太仓嘉定一路，收买棉花布疋，各处贩卖；就便访问儿子消息。往来走了四年，虽然趁些微利，寻找儿子却毫无音信；日久，人心也满不在意了。

到第五年上，吕玉别了王氏，又出门经纪；路遇一大本钱之布商，见吕玉买卖通透，拉他同往山西脱货，就带岁货转来，其中也有些用钱谢他。吕玉贪此微利，同他去了。及至到了山西，遇着连年凶荒。讨赊账不起，不得回家；吕玉年少久旷，也在行户中走了一二次，走出一身风流疮来，又无颜回归。挨到三年，疮始痊好；讨清账目，那布商因为迟了吕玉之归期，倍加酬谢。吕玉得了财物，遂贩些粗细绒褐，别了布商先回。

Lü Yü wurde zu Haus schwermütig, so daß er es nicht mehr aushielt und bei einem reichen Manne eine kleine Summe Geldes entlehnte, mit der er in der Gegend von Taitsang und Kiating reiste, um Baumwollstoffe einzukaufen, die er dann überall verkaufte. Seine Absicht war, bei dieser Gelegenheit Nachricht über sein Kind zu erlangen. So reiste er vier Jahre hin und her; er hatte wohl seinen bescheidenen Verdienst dabei, aber von seinem Kind erhielt er keine Nachricht. Die Zeit verstrich, er beruhigte sich allmählich in seinen Gedanken.

Im fünften Jahr nahm Lü Yü abermals von seinem Weibe Abschied und ging wieder auf Geschäftsreisen weg. Unterwegs traf er einen sehr reichen Tuchhändler. Dieser sah, daß Lü Yü geschäftstüchtig war; darum wollte er ihn mit nach der Provinz Schanhsi nehmen, um Waren abzusetzen und dafür Ernteerzeugnisse mit zurückzubringen, dabei sollte dann für seine Dienste auch etwas abfallen. Lü Yü wurde durch diesen bescheidenen Verdienst veranlaßt, mit ihm zu gehen. Als sie aber nach Schanhsi kamen, traf es sich, daß mehrere Mißjahre aufeinander folgten. So kamen sie nicht zu ihrem Geld und konnten nicht nach Hause. Lü Yü war jung und lange müßig, so ging er denn auch ein- oder zweimal zu herumziehenden Mädchen und zog sich dadurch am ganzen Leib gefährliche Geschwüre zu. Nun schämte er sich erst recht, nach Hause zu gehen. Es vergingen drei Jahre, ehe seine Geschwüre wieder geheilt waren. Auch hatte er nun die Bezahlung der Rechnungen erlangt, und der Tuchhändler gab ihm, weil er seine Heimkehr verzögert hatte, den doppelten Gewinnanteil als Belohnung. Als Lü Yü das Geld in der Hand hatte, kaufte er einen Vorrat von groben und feinen Filzwaren, trennte sich von dem Kaufmann und ging allein wieder zurück.

一日早晨行至陈留地方，去坑厕出恭；见一青布搭膊。拾在手中，觉甚沉重。回至店中，打开看时，约有二百两白银。心中想道："这不义之财，虽是取之无碍；然古人'见金不取，拾带仍还'；我今年过三旬，尚无子嗣，要这横财何用？一旦失主追寻不见，好大一场气闷。"忙到坑厕左右伺候；直等了一日，不见人来寻。

次日只得起身，又行了五百余里；到南宿州，天晚下店。遇一同店客人，闲谈论间，那客人说起："自不小心，五日前清晨，到陈留县放下搭膊出恭；起身时忘记了搭膊，内有二百两银子，直到晚间解衣要睡，方才省得。料想过一日了，自然有人拾去；即转寻无益，只得自认晦气。"吕玉听他所言，与自己所拾之物相同，早有心还他。因问道："老客尊姓大名。住居何处？"客人道："在下姓陈名朝奉，祖贯徽州；今在扬州闸口，开一小粮食铺。——敢问拿兄姓名住址？"吕三

Eines Morgens kam er an einen Ort namens Tschën Liu, wo er in einer Herberge einkehrte. Als er ein wenig hinausging, sah er eine Geldkatze von dunklem Stoff. Er hob sie auf, sie war sehr schwer. Er ging ins Gastzimmer zurück, machte sie auf und fand darin ungefähr 200 Silberstücke. Da dachte er in seinem Herzen: „Das wäre unrecht Gut. Ich könnte es ja leicht an mich nehmen. Aber die Alten hatten die Gewohnheit, gefundenes Geld nicht zu nehmen und aufgefundene Gürtel zurückzugeben. Ich bin jetzt über dreißig Jahre alt und habe noch keinen Erben. Was soll ich mit diesem unnützen Geld? Wenn ich aber den Eigentümer nicht mehr einhole, so gibt es eine Menge Unannehmlichkeiten. "So ging er denn rasch wieder an den Ort wo er das Geld gefunden hatte; er wartete den ganzen Tag, ohne jemand zu sehen, der suchte.

Am nächsten Tag blieb ihm nun nichts übrig, als weiter zu reisen. Er reiste abermals fünfhundert Meilen weit bis Nansudschou. Es war schon spät, als er die Herberge erreichte. Dort traf er einen Mitreisenden, mit dem er ins Gespräch kam. Dabei erzählte jener: „Da ist mir eine Unvorsichtigkeit vorgekommen. Vor fünf Tagen kam ich in der Frühe nach Tschën Liu. Dort legte ich eine Geldkatze neben mich. Als ich aufstand, vergaß ich, sie wieder an mich zu nehmen. Es waren 200 Taler darin. Erst abends, als ich mich auszog, um zu Bett zu gehen, bemerkte ich den Verlust. Ich dachte mir, nachdem schon ein Tag darüber hingegangen ist, hat sie natürlich jemand gefunden, und es ist vergeblich, nochmals umzukehren, um sie zu suchen. Man muß eben den Ärger hinunterschlucken und es ertragen. " Als Lü Yü hörte, wie das, was jener sagte, genau mit seinem Fund übereinstimmte, nahm er sich gleich vor, sie ihm wiederzugeben. Deshalb fragte er: „Wie ist Ihr werter Name? Wo wohnen Sie? " Jener antwortete: „Ich heiße Tschën Tschau-fëng und habe in Yangdschou eine kleine

道："小弟姓吕名玉，常州无锡县人；扬州也是顺路，相送尊兄，到彼奉拜。"客人也不知其故，遂答道："若肯下顾最好。"次早二人同行。

那日来到扬州闸口，吕玉也到陈家铺内，登堂作揖；陈朝奉看座献茶，茶罢，吕玉言道："小弟偶拾一搭膊，与老兄所失之物相似，不知是否？"说罢从怀中取出，递与陈朝奉，陈朝奉接来一看，正是己物。内中银两原封不动。

陈朝奉过意不去，要彼此均分；吕玉不肯，又要送几两谢礼，吕玉又坚辞。陈朝奉感激不尽，忙摆酒席款待；思想"难得吕玉这般好人"。

因自家有一十二岁女儿，意欲作门婚姻，常相往来，不知他有儿子否？饮酒之间陈朝奉道："恩兄分郎几岁了？"吕玉不觉落泪道："小弟只有一子；七年前看神会迷失，至今并无下落；荆妻又无所出。"

Bäckerei. " Lü nannte auf Befragen nun ebenfalls seinen Namen und schlug ihm vor, ihn nach Hause zu begleiten. Der Fremde kannte seine Gründe nicht und antwortete daher nur: „Ich freue mich sehr, wenn Sie mich begleiten wollen. " Am nächsten Morgen brachen sie zusammen auf.

Am selben Tag noch kamen sie nach Yangdschou, und Lü Yü besuchte den Laden des Herrn Tschën. Er machte dann im Empfangsraum seine Verbeugung, und jener bot ihm Tee an. Nach dem Tee fing Lü Yü an: „Ich habe eine Geldkatze gefunden, die offenbar der Ihrigen sehr ähnlich ist. Ich weiß nicht, ist sie es oder nicht? " Damit zog er sie aus seinem Gewand hervor und reichte sie dem Tschën Tschau-fëng zum Ansehen. Und richtig, es war seine Tasche! und das Silber war alles noch unberührt darin.

Tschen Tschau-fëng wollte den Fund unter keinen Umständen annehmen, sondern die Summe zur Hälfte mit ihm teilen. Aber Lü Yü wies es zurück. Darauf wollte er ihm wenigstens einige Taler zum Dank geben, aber Lü Yü weigerte sich standhaft. Tschen Tschau-fëng, der seine Dankbarkeit auf keine andere Weise zeigen konnte, bereitete wenigstens ein Gastmahl zu und dachte bei sich selbst: „Es ist selten, daß man einen so guten Menschen findet wie Lü Yü. "

Da er nun ein Töchterchen von zwölf Jahren hatte, hätte er sie gern dem Lü Yü als Schwiegertochter gegeben, damit sie in dauerndem Verkehr blieben, doch wußte er nicht, ob dieser einen Sohn habe. So fing er denn beim Weintrinken an: „Wie alt ist eigentlich Ihr Herr Sohn? " Dem Lü Yü traten unwillkürlich die Tränen in die Augen, und er sprach: „Ich hatte nur einen Sohn, der vor sieben Jahren bei einem Tempelfest sich verloren hat. Bis heute habe ich noch nichts über seinen Verbleib erfahren, und meine Frau hat mir seither kein Kind mehr geschenkt. "

陈朝奉闻言，沉吟半晌道："令郎失去时几岁？叫甚名字？如何状貌？"吕玉道："年方六岁，名叫喜儿，面白无麻。"陈朝奉闻言色喜，便唤仆人近前，附耳密语……仆人点头领命去了。

须臾走来一小后生，约有十三四岁；穿一身青布袍儿，眉清目秀。见了吕玉，深深一揖。便对陈朝奉道："爹爹唤喜儿作甚？"吕玉听得此子名字，与自己儿子相同；且面目相似，凄惨之色，形于面貌。因问道："此位是令郎么？"陈朝奉道："此非小弟亲生；七年前有一人携此子到此，自言'往淮安投亲，途中染病妻亡；只有一子。盘费短少，愿将此子权当银三两。俟寻见亲戚，再来回赎'。

那人一去不回，及小弟细问此儿，方知是无锡人，因看会被人哄骗来的。他说的父亲姓吕又与恩兄相同。故特唤他出来请恩兄认个详细。"喜儿听得吊泪来，吕玉亦泪下，遂言道："小儿还有个暗记，左膝有两个黑痣。"喜儿连忙解袜卷裤，露出左膝：

Als Tschen Tschau-fēng das hörte, seufzte er tief. Endlich sprach er: „Wie alt war denn Ihr Herr Sohn, als er verlorenging? Wie hieß er, und wie sah er aus? " Lü Yü sprach: „Er war eben sechs Jahre alt und hieß Hsi Örl. Er war von heller Gesichtsfarbe und hatte keine Pockennarben. " Als Tschën Tschau-fēng diese Worte hörte, schien er sehr erfreut. Er rief den Diener herbei und sagte ihm leise etwas ins Ohr ... Der Diener nickte und ging weg.

Nach einer Weile kam ein Knabe herein, der etwa 13-14 Jahre alt sein mochte. Er war in dunkles Tuch gekleidet und sah sehr hübsch und sauber aus. Als er Lü Yü sah, machte er eine tiefe Verbeugung. Dann sagte er zu Tschen Tschau-fēng: „Du hast Hsi Örl gerufen, Vater, was soll ich tun? " Als Lü Yü diesen Namen hörte, der mit dem Namen seines eigenen Kindes übereinstimmte, und als er sah, daß der Knabe auch ebenso aussah, da sagte er in höchster Aufregung: „Ist das Ihr Sohn? " Tschën Tschau-fēng erwiderte: „Es ist nicht mein leiblicher Sohn. Vor sieben Jahren brachte ein Mann das Kind hierher und sagte, er wolle nach Huaian, um Verwandte zu besuchen. Unterwegs sei seine Frau an einer Krankheit gestorben, so daß er nur noch dies Kind übrig habe. Er sei mit seinem Reisegeld zu Ende und wolle deshalb das Anrecht auf dies Kind für drei Taler verpfänden. Wenn er erst seine Verwandten gefunden, so wolle er es auf dem Rückweg wieder auslösen.

Jener Mann ist aber nie wieder zurückgekommen. Als ich mich nun näher erkundigte, erfuhr ich, daß das Kind aus Wuhsi sei und, als es ein Tempelfest besuchte, von Hause weggelockt worden sei. Sein Vater heiße Lü Da nur das alles mit Ihren Verhältnissen übereinstimme, so habe ich den Knaben kommen lassen, damit Sie ihn sich ansehen können. "

果有两个黑痣，当下父子相认，恸哭了一会儿。

吕玉欠身拜谢陈朝奉道："小儿若非府上收留，今日安得骨肉重会？"

陈朝奉道："恩兄有还金之盛德，天遣尊驾到寒舍，父子团圆；小弟一向不知是令郎，多有怠慢。"

吕玉又命喜儿叩拜养育之恩；陈朝奉定要还礼，吕玉再三扶住，受了两礼。便请那喜儿坐吕玉之旁。陈朝奉道："小弟还有一女，年方十二，欲与令郎结丝罗之好。"吕玉见他情词真切，只得应允；是日席散天晚，父子同榻而眠。

Als Hsi Örl das hörte, liefen ihm die Tränen herunter, und auch Lü Yü konnte seine Tränen nicht verbergen. Darauf sprach er: „Mein Kind hat noch ein geheimes Erkennungszeichen. Es hat am linken Knie zwei schwarze Flecken." Hsi Örl zog schleunigst den Strumpf aus, wickelte das Beinkleid hinauf und entblößte sein linkes Knie. Richtig hatte er zwei schwarze Flecken. Da erkannten Vater und Sohn einander und weinten laut vor Rührung und Freude.

Dann verneigte sich Lü Yü und dankte dem Tschen Tschau-fēng und sprach: „Wenn Sie nicht mein Kind aufgenommen hätten, so hätten wir diesen Tag des Wiederfindens nicht erlebt."

Tschën Tschau-fēng sprach: „Sie hatten ein gutes Werk getan, als Sie mir mein Geld wiederbrachten. Darum hat die Vorsehung Sie hierhergeschickt. so daß Vater und Sohn einander nun wohlbehalten wiedergefunden haben. Ich wußte freilich nicht, daß er Ihr Kind war, sonst würde ich ihn noch besser behandelt haben."

Lü Yü befahl nun dem Hsi Örl, niederzuknien und sich für die empfangenen Wohltaten zu bedanken. Tschën Tschau-fēng wollte durchaus die Ehrenbezeugung erwidern. Lü Yü konnte ihn nur mühsam davon abhalten. Nachdem die Ehrenbezeugung vorüber war, bat er den Hsi Örl, sich neben seinen Vater zu setzen. Dann sprach er: „Ich habe ein Töchterchen, das ist zwölf Jahre alt; die möchte ich mit Ihrem Sohn verloben." Als Lü Yü sah, daß es ihm wirklich ernst mit seinem Vorschlag war, da stimmte er freudig zu. Als das Mahl zu Ende war, war es schon spät in der Nacht, und Vater und Sohn gingen zusammen schlafen.

次日吕玉辞别要行，陈朝奉留住，另设大席面款待新亲；酒行数巡，陈朝奉取出白银二十两，向吕玉道："贤婿一向在舍下简慢，今奉此菲礼，权表亲情。"吕玉道："过承高门俯就，寒舍宜即行聘定之礼；因在路途，不好苟且。如何反受亲家厚赐？绝不敢当。"陈朝奉道："这是小弟贤婿的，与亲家无干；若必见却，就是不允这门亲事了。"吕玉只得受下，命儿子出席拜谢；又进内谢了丈母。当日畅饮至晚，仍归宿下。

吕玉想道："我因还金，使父子相逢；又攀了这门亲事，莫非天意？无可答报，有陈亲家送的二十两银子，不如粜米斋僧，以种福田。"主意一定，次日陈朝奉又备早饭吃了，吕玉收拾行李货物，作谢而行。

（未完）

Am andern Tag wollte Lü Yü sich verabschieden. Aber Tschën Tschau-fëng hielt ihn fest und veranstaltete noch einmal ein großes Festmahl, um die neue Verwandtschaft zu feiern. Nachdem sie einige Becher Wein getrunken, holte Tschën Tschau-fëng 20 Taler Silber hervor und sprach zu Lü Yü: „Mein künftiger Schwiegersohn hat bei mir manche Entbehrung auszuhalten gehabt. Nun will ich ihm dies kleine Geschenk machen, um meiner Liebe zu ihm Ausdruck zu geben. " Lü Yü sprach: „Das ist zu freundlich. Eigentlich müßte ich dir Verlobungsgeschenke machen. Aber da ich unterwegs bin, möchte ich die Sache nicht übereilen. Aber was soll ich dazu sagen, daß du uns ein so großes Geschenk machen willst? Das darf ich wirklich nicht annehmen. " Aber Tschën Tschau-fëng sprach: „Das schenke ich meinem künftigen Schwiegersohn. Das geht dich gar nichts an. Wolltest du es durchaus zurückweisen, so wäre es mir ein Zeichen, daß du mit der Verlobung nicht einverstanden bist. " Da blieb Lü Yü nichts übrig als anzunehmen. Er hieß nun seinen Sohn sich bedanken und auch im innern Gemach der Schwiegermutter seinen Dank zu sagen. Den ganzen Tag feierten sie zusammen, so daß Lü Yü noch eine Nacht bleiben mußte.

Lü Yü dachte bei sich: „Weil ich das Geld zurückgegeben habe, habe ich mein Kind wiedergefunden, und noch zudem ist diese Verlobung zustande gekommen. Das ist sichtbarlich der Segen Gottes, den ich mit nichts vergelten kann. So will ich denn die zwanzig Taler, die wir bekommen haben, als wohltätige Stiftung einem Priester übergeben, damit ein Tempelfeld davon bestellt werden kann.

Nachdem er diesen Entschluß gefaßt und Tschën Tschau-feng am andern Morgen noch ein Frühstück bereitet hatte, machte er Gepäck und Waren fertig und reiste mit herzlichem Dank ab.

（Schluß folgt.）

## Der ehrliche Finder, der seinen Sohn fand（2. Schluß）[①]
## Aus den *Merkwürdigen Geschichten aus neuer und alter Zeit*

唤了一只小船，摇出闸口；行数里，只听得江上鼎沸——原来坏了一艘带人的船，人落水呼救，岸上人招呼小船打捞；船家意欲索贿，大家观望。吕玉想道："救人一命，胜造七级浮屠；与其斋僧，何若救人？"便大叫道："你们若救起来一船人性命，我情愿出银二十两。"众人听此言，大小船蜂拥而来；须臾间一船人救出，吕玉将银子付众人分散。

水中得命的，多来拜谢；内中一人看见吕玉道："哥哥从哪里来？"吕玉见是兄弟吕珍便合掌道："天遣我救兄弟一命。"遂至舟中，换上干衣；又叫儿子见了叔父，把还金遇子结亲之事叙述了一遍。吕珍惊讶不已，吕玉问道："你如何到

Er mietete ein kleines Schiff. Als sie kaum einige Meilen gefahren waren, da hörten sie, daß auf dem Fluß ein Unglück geschehen war. Ein Passagierschiff war gekentert, die Leute waren ins Wasser gefallen und riefen um Hilfe. Die Leute am Ufer riefen Boote herbei, um zu retten. Die Schiffer wollten aber einen großen Gewinn dabei machen und sahen untätig zu. Da dachte Lü Yü bei sich: „Ein Menschenleben zu retten ist besser, als die höchste Stufe der Heiligkeit zu erreichen. Ich will lieber diese Menschen retten, als eine Stiftung für die Priester machen. " So rief er denn laut: „Wenn ihr allen Leuten des Schiffs das Leben rettet, so will ich euch gern zwanzig Taler Belohnung geben. " Als die Schiffer dieses Wort gehört hatten, da schwärmten große und kleine Boote herbei, und im Nu waren sämtliche Insassen des Schiffs gerettet. Lü Yü gab ihnen das Geld zur Verteilung.

Die vom Ertrinken geretteten Leute kamen herbei, um sich zu bedanken. Darunter war ein Mann, der sprach zu Lü Yü, als er ihn erblickte: „Mein Bruder, wo kommst Du her? " Lü Yü sah ihn an; es war sein jüngster Bruder Lü Dschën. Da faltete er die Hände und sprach: „Gott hat mich gesandt, um meines Bruders Leben zu retten. " Er nahm ihn zu sich ins Schiff, ließ trockene Kleider bringen, dann rief er seinen Sohn, daß er seinen Oheim begrüße. Darauf erzählte er ihm die ganze Geschichte, wie er das Geld zurückgegeben, seinen Sohn wiedergefunden und ihn verlobt habe. Lü Dschen

① 原刊于《德文月刊》第 2 卷第 6 期，第 273—279 页。

此?"吕珍叹道:"一言
难尽!自哥哥去了,三
年毫无音信;二哥闻得
人言,说'哥哥在山西
害梅毒身故'。嫂嫂已
成服带孝,二哥近日又
逼嫂嫂嫁人,嫂嫂不
从,因此叫兄弟到山西
去访问哥哥消息;因渡
船覆溺,偏遇哥哥捞
救,天与之幸哥哥可急
回家去安嫂嫂之心!恐
怕迟则有变。"吕玉闻
言惊惧,叫船家连夜赶
来不提。


　　且说那王氏闻丈
夫凶信,也自心疑,被
吕宝说得真确,便认
真了;遂啼哭一场,换
了素服,吕宝心怀不
善,要劝嫂嫂改嫁,自
己得此财礼,王氏坚
执不从,又得吕珍谏
阻,所以其计未就。
王氏又想道:"'千闻
不如一见';虽说丈
夫已死,但路途遥远
不知端的,求小叔吕珍
到山西访个切实。"

hörte mit dem größten Erstaunen zu. Lü Yü fragte
ihn nun: „Wie kommst du hierher?" Lü Dschën
antwortete seufzend: „Das ist eine lange
Geschichte. Nachdem du weggegangen warst,
hatten wir drei Jahre lang keine Nachricht
von dir. Unser zweiter Bruder hatte auf seine
Erkundigungen hin erfahren, daß du in Schanhsi
an einer giftigen Krankheit gestorben seist, und
deine Frau hat schon Trauerkleider deinetwegen
angelegt. Neuerdings drängte der zweite Bruder
deine Frau, sich wieder zu verheiraten. Sie wollte
aber nicht. Darum hat sie mich nach Schanhsi
gesandt mich nach dir zu erkundigen. Bei der
Überfahrt über den Fluß schlug das Schiff um, und
ich wäre ertrunken, wenn ich nicht durch Gottes
Gnade von dir gerettet worden wäre. Nun mußt du
aber schnell nach Hause zurückkehren, um deine
Frau zu beruhigen. Wenn Du länger säumst, so ist
allerhand zu befürchten." Als Lü Yü dies hörte,
erschrak er sehr und befahl den Schiffern, Tag und
Nacht weiter zu fahren. —

　　Als die Frau des Lü Yü die Nachricht vom
Tode ihres Gatten erfahren hatte, da zweifelte
sie in ihrem Herzen daran. Aber ihr Schwager
Lü Bau wußte ihr die Wahrheit der Nachricht
einzureden. Da beweinte sie denn ihren Gatten
und zog Trauerkleidung an. Lü Bau aber
hatte schlimme Gedanken. Er wollte seine
Schwägerin wieder verheiraten und selbst die
Brautgeschenke für sich behalten. Die Frau aber
weigerte sich standhaft, und da auch der jüngste
Bruder Lü Dschën dagegen war, so war jener Plan
noch nicht gelungen. Frau Lü aber dachte bei
sich: „Besser einmal sehen als tausendmal hören.
Obwohl sie sagen, daß mein Mann gestorben sei,
so ist die Entfernung doch so groß, daß ich nicht
weiß, ob es wahr ist. Ich will meinen jüngsten
Schwager Lü Dschën bitten, nach Schanhsi zu
gehen, um zuverlässige Nachrichten einzuziehen."

吕珍去后，吕宝肆无忌惮；又连日赌钱输了，无处设法。偶有江西客人丧偶，要讨个娘子，那吕宝就将嫂子与他说了。客人访得王氏几分颜色，愿出银三十两，吕宝得了银子，即向客人道："家嫂有些妆娇，好好请她出门，定然不肯，今夜抬了轿子，悄悄到我家中只看带孝髻的便是。更不须言语扶她上轿，连夜开船去便了。"客人依计而行。吕宝回家，知嫂嫂不从，不露一字，却私下对浑家做个手势道："那两脚货今夜出脱与江西客人，我怕她啼哭，先躲出去，约定客人黄昏时候，抢她上轿。"言还未尽，只听窗外脚步响；吕宝急忙走出去，却不为说明孝髻为记的话。也是天使其然，王氏恰来潜听，闻得"抢她上轿"四字，是为她说话；心下十分疑虑，只得走进房中，开口向杨氏道："奴与婶婶妯娌恩情；非止一日；有说的什么事，望婶婶指明，我见叔叔适机所言情景，莫非在我身上？"杨氏便红脸道："你要嫁人，却也不难；最不该'船未翻先下水'。"

Als Lü Dschën weg war, da wurde Lü Bau immer unverschämter. Außerdem hatte er beim Spiel eine große Summe verloren, von der er nicht wußte, wie er sie bezahlen sollte. Da traf er einen Reisenden aus Kiangsi, dem seine Frau gestorben war, und der nun ein Mädchen zu sich nehmen wollte. Lü Bau schlug ihm seine Schwägerin vor. Als der Fremde gesehen hatte, daß die Frau sehr schön war, bot er ihm dreißig Taler für sie an. Lü Bau steckte das Geld ein und sagte dann zu dem Fremden: „Meine Schwägerin ist ein wenig stolz. Wenn ich sie geradezu bitten wollte, mit Ihnen zu gehen, so würde sie es sicher nicht tun. Darum kommen Sie heute Nacht heimlich mit einer Sänfte in mein Haus, und wenn Sie dann eine Frau in der Witwenhaube sehen, so ist sie es. Sie brauchen dann gar nicht mit ihr zu reden, sondern setzen sie einfach in die Sänfte und fahren noch heute Nacht mit dem Schiffe ab; dann ist alles gut. " Der Fremde war damit einverstanden und ging weg. Lü Bau ging heim. Da er aber wußte, daß seine Schwägerin ihm sicher nicht folgen würde, sagte er ihr kein Wort. Heimlich aber gab er seiner Frau ein Zeichen mit der Hand und sagte: „Die Gans da wird heute Nacht von einem Fremden aus Kiangsi geholt werden. Ich fürchte, es wird ein großes Geschrei geben. Deswegen will ich mich ein wenig beiseitemachen. Ich habe mit dem Fremden ausgemacht, daß er in der Abenddämmerung kommt und sie in eine Sänfte steckt. " Noch ehe er ausgesprochen hatte, hörte er unter dem Fenster das Geräusch von Tritten und lief eilig weg. Er hatte aber noch nicht das Merkmal der Witwenhaube erwähnt. Das war wohl so von Gott geordnet. Die Schwägerin kam aber gerade vorbei und hörte die Worte: „ ... und sie in eine Sänfte steckt. " Da sie ahnte, daß sich das auf sie bezog, so erschrak sie sehr. Sie wußte sich nicht anders zu helfen, als daß sie hineinging und ihre Schwägerin also anredete:

王氏被他抢白了几句，又恼又苦；回到自己房中，哭哭啼啼，想着"丈夫儿子，皆不知下落，三叔吕珍又在客中；只我孤身，早晚必落他圈套，不如寻个自尽罢"。主意已定，挨至日暮人静；密看只见杨氏便经门首探听；王氏已十分猜着；坐立不宁，心如刀刺。走至房内，闭上房门，将条绳子搭在梁上，做个套儿；搬个凳子，樣了脚，叫声"皇天与我报应"！叹了口气，把头钻在套内，两脚乱动，蹬开凳子簪鬓落地。

也是王氏禄命未终，一条粗绳，不知怎的断了，"扑通"一声，王氏倒在地上，杨氏听得声响，急跑来看时见房门紧闭，知其寻死；急取木杠撞开房门，黑洞洞地绕走进去。一脚

„Wir leben nun doch schon so lange friedlich beieinander. Was habt ihr denn eben besprochen? Bitte, sag mir aufrichtig, bezog sich das, was ich deinen Mann eben sagen hörte, auf mich? " Die andere wurde rot im Gesicht und sprach: „Wenn du dich verheiraten willst, so ist das ganz leicht zu machen. Aber du mußt nicht, noch ehe das Schiff gekentert ist, ins Wasser springen. "

Als sie von ihrer Schwägerin diese Andeutung erhalten hatte, wurde sie zornig und traurig zugleich. Sie ging in ihr Zimmer zurück und fing bitterlich an zu weinen. Sie sprach zu sich: „Von meinem Mann und meinem Kind weiß ich nicht, wo sie sind. Mein jüngster Schwager ist nun auch in der Fremde, und ich bin ganz allein. Ich werde sicher früher oder später in Lü Baus Schlingen geraten. Da ist es besser, ich mache meinem Leben selbst ein Ende. " Sie war schon fest entschlossen und wollte nur noch warten, bis die Sonne hinunter und die Menschen zur Ruhe gegangen seien. Sie sah sich heimlich um. Da sah sie ihre Schwägerin am Hinterpförtchen stehn und horchen. Nun erriet sie alles. Sie hatte keine Ruhe mehr. Ihr Herz war wie von Dolchen durchbohrt. Sie ging wieder in ihr Zimmer zurück, schloß die Tür, nahm einen Strick und hängte ihn am Querbalken auf, machte eine Schlinge, holte eine Bank herbei und rief: „Gott im Himmel, räche mich! " Dann seufzte sie tief, steckte den Kopf in die Schlinge, strampelte mit beiden Beinen, so daß die Bank umstürzte und ihre Witwenhaube zu Boden fiel...

Die zugezählten Lebenstage der Frau waren aber noch nicht zu Ende. So ein dicker Strick, und riß doch auf unerklärliche Weise ab. Pardautz! tat es, und sie fiel zu Boden. Ihre Schwägerin hörte das Geräusch und kam eilig herbeigelaufen, um nachzusehen. Sie fand die Türe fest verriegelt. Da wußte sie, daß jene ihrem Leben ein Ende gemacht hatte. Rasch nahm sie ein Stück Holz und schlug

绊着王氏跌了一跤，簪髻跌在一旁；吓得魂不附体，爬起来跑到厨下点灯来看，只见王氏横倒地上，口吐痰沫，项上有绳子缉住，杨氏连忙解放。忽听得门外轻敲，知是那话；杨氏急要去开门，引他进来，思想"髻儿不在头上，是何模样"？便向地上拾取簪髻，忙乱了手脚，自己黑髻不拾，反拾了王氏白髻，戴在头上，忙走出去探问。

谁想江西客人将鼓吹人众，藏在后边；因门未拴，早已推开大门，率领灯笼轿夫，拥入里边，迎面遇着杨氏，见头上戴着孝髻，上前一把扯住便走；又有乘人相帮，抢出门去，杨氏嚷道："不是！"众人哪里管三七二十一，抢上轿去，然后鼓手吹打，轿夫飞也似的跑去不表。

且说王氏得杨氏解去绳子，已是苏醒，听得

damit die Tür auf. Drinnen war es ganz dunkel. Wie sie eintrat, stolperte sie über den daliegenden Körper und stürzte zu Boden, so daß Haarnadeln und Haube ihr vom Kopfe fielen. Halbtot vor Schrecken richtete sie sich wieder auf lief nach der Küche und zündete eine Lampe an, um nachzusehen. Da sah sie ihre Schwägerin quer auf den Boden hingestreckt, Schaum und Speichel stand ihr vor dem Munde, am Halse hatte sie noch den Strick, der sie würgte. Sie machte ihn eilig los. Da hörte sie plötzlich an dem Tor ein leises Klopfen. Sie dachte sich wer es war; so lief sie denn eilig, um zu öffnen und die Fremden einzulassen. Da aber fiel ihr ein: „Ohne Haube auf dem Kopf sehe ich doch gar zu unordentlich aus. " So hob sie die Haube vom Boden auf. Aber in der Hast griff sie daneben und hob nicht ihre eigene dunkle Haube auf, sondern die weiße Trauerhaube ihrer Schwägerin und setzte sie auf. Dann ging sie eilig hinaus, um nachzusehen.

Wie konnte man ahnen, daß der Fremde aus Kiangsi mit den Leuten, die er zusammen getrommelt hatte, sich im Hintergrund versteckt hielt! Da das Tor nicht verriegelt gewesen war, hatte er es selbst geöffnet und war mit Laternen und Sänftenträgern eingedrungen, Nun lief ihm die Frau geradeswegs in die Hände. Als er sah, daß sie eine Witwenhaube auf dem Kopf hatte, tat er einen Schritt auf sie zu, faßte sie um den Leib und trug sie weg. Die ganze Schar half ihm, und so schleppte man sie zum Tor hinaus. Die Frau schrie laut: „Ich bin nicht die Rechte! " aber was kümmerten sich die Kerle darum, daß fünf nicht gerade sei[①]! Sie steckten sie in die Sänfte, dann spuckten die Träger in die Hände, hoben sie auf, und fort ging's wie im Fluge.

Unterdessen war die Frau des älteren Bruders, der ihre Schwägerin die Schlinge geöffnet hatte,

---

① Wörtlich: daß dreimal sieben einundzwanzig sei. ——卫礼贤原译文注

外面人声，不敢去看，挨了片时，觉得门外寂静，方敢出头张望；叫婶婶时，却无踪影。心下已是明白，大料娶亲的错抢去了；恐转身复来，急急关上大门回房。拾起簪珥黑髻，坐在床上，哭泣不寐。

及到天亮，起身梳洗，正欲寻旧顶孝髻换上；只听外面叫声开门，却是吕宝声音，王氏恼怒不应，任他叫了半天。王氏权将黑髻戴上，前去开门。

吕宝见是嫂嫂，头上又戴着黑髻，大惊问道："你婶婶哪里去了？"王氏道："是你做的勾当，我哪里知道！"吕宝问道："嫂嫂头上为何不戴孝髻？"王氏将缢绳忽断，跌在地上，孝髻不知道何时落下，及杨氏来救，跌失黑髻；闻得敲门，忙拾我孝髻戴了出去的缘故……说了一遍。
吕宝捶胸叫苦！指望卖嫂子，倒卖了老婆，江西客人已开船去了，三十两银子已输了大半；气恼了一会儿，又暗想道："一不做二

allmählich wieder zu sich gekommen. Als sie draußen den Lärm hörte wagte sie nicht nachzusehen. Nach einiger Zeit, als es vor dem Tore wieder still geworden war, traute sie sich erst, den Kopf zur Türe hinauszustrecken. Sie rief ihre Schwägerin, aber die war spurlos verschwunden. Da wurde es ihr auf einmal klar, daß die Frauenräuber sich wohl getäuscht hätten. Sie fürchtete aber, daß sie umkehren und zurückkommen könnten. Darum schloß sie eilig das Hoftor und ging ins Haus zurück. Sie hob die Haarnadeln und die dunkle Haube auf und setzte sich auf ihr Bett, weinte bitterlich und tat kein Auge zu.

Als es Tag wurde, da stand sie auf und wusch sich. Sie wollte ihre alte Witwenhaube wieder aufsetzen und suchte sie. Da hörte sie draußen rufen und Einlaß begehren. Es war aber die Stimme ihres Schwagers. Sie war so bekümmert und zornig, daß sie nicht auf ihn hörte, sondern ihn stundenlang klopfen ließ. Endlich setzte sie die dunkle Haube auf und ging hin, um das Tor zu öffnen.

Als Lü Bau seine Schwägerin erblickte, die eine dunkle Haube auf dem Kopf trug erschrak er heftig und sprach: „Wo ist denn deine Schwägerin? " Sie sprach: „Was weiß ich, was du da angestellt hast! " Lü Bau fragte weiter: „Warum hast du denn nicht deine Witwenhaube auf? " Da erzählte sie ihm, wie sie sich aufgehängt, der Strick gerissen, wie sie auf den Boden gefallen und dabei ihre Witwenhaube verloren habe, wie dann ihre Schwägerin zu Hilfe gekommen sei, hingefallen sei, dabei auch ihre Haube verloren und dann, als es von draußen geklopft, in der Eile die falsche Haube aufgesetzt habe.

Da schlug Lü Bau an seine Brust und rief: „Das ist bitter! " Er wollte seine Schwägerin verkaufen und hatte stattdessen seine eigene Frau verkauft. Der Fremde aus Kiangsi war schon abgefahren, und die dreißig Taler hatte er auch schon zum größten Teil verspielt. Er ärgerte sich

不休，等再寻个主顾，把嫂嫂卖了，还有讨老婆的本钱。"想罢方欲出去，只见五六个人一拥进来，不是别人，却是哥哥吕玉、兄弟吕珍、侄子喜儿与三个脚夫，担着行李货物进门。吕宝自觉无颜，从后门逃出，不知去向。

王氏接了丈夫，又见儿子亦回家，问其缘故，吕玉从头至尾说明了。——王氏也把抢去婶婶，吕宝无颜逃走……一件情节叙出。

吕玉道："我若贪那二百两银子怎能父子相见？若惜了二十两银子，不去捞救覆舟之人，怎能兄弟相逢？且知家中信息，今日合家完聚，皆天使之然也。逆弟卖妻，也是自作自受！皇天报应，果然不爽！"

自此善行益修家道日隆。喜儿读书聪明，陈朝奉女儿过门之后，子孙昌盛，多有出仕贵显者，有诗为证：

wütend, dann dachte er: „Was das erste Mal nicht gelungen, werde ich ein zweites Mal versuchen. Ich will nur warten, bis ich wieder einen Käufer finde, dann verkaufe ich meine Schwägerin und bekomme so das Geld, um mir wieder eine Frau kaufen zu können. " Mit diesen Gedanken wollte er eben wieder weggehen, da sah er fünf, sechs Leute auf einmal hereinkommen. Wer war es? Niemand anders als seine Brüder Lü Yü und Lü Dschën, sein Neffe Hsi Örl und drei Träger, die Gepäck und Waren zur Tür hereinbrachten. Lü Bau schämte sich fast zu Tode und lief zur Hintertür hinaus, davon auf Nimmerwiedersehen.

Die treue Frau aber empfing ihren Gatten und sah ihr Kind wieder heimkommen. Sie fragte, wie alles zugegangen. Da erzählte ihr Mann ihr alles von Anfang bis zu Ende, und sie erzählte ihrerseits, wie die Schwägerin geraubt worden und der Schwager aus Scham davongelaufen sei.

Lü Yü sprach: „Wenn ich nach den 200 Talern gierig gewesen wäre, so hätte ich meinen Sohn nicht wiedergefunden. Wenn mich die zwanzig Taler gedauert hätten und ich nicht die Leute des gekenterten Schiffs gerettet hätte, wie hätte ich dann meinen Bruder wieder gesehen und die Zustände zu Hause erfahren? Daß heute unsere ganze Familie gesund und wohlbehalten wieder beieinander ist, das ist das Werk des Himmels; daß unser ungeratener Bruder seine eigene Frau verkauft hat, das ist auch ein Unglück, das er sich selbst zugezogen hat. Gott ist wirklich gerecht in seiner Vergeltung. "

Von nun an befleißigte er sich erst recht eines tugendhaften Wandels, und so gedieh denn die Familie immer mehr. Hsi Örl war sehr klug beim Studieren, und als er später die Tochter von Tschën Tschau-fêng heiratete, da bekamen sie Söhne und Enkel, von denen viele es zu hohem Ruhm und Ansehen brachten, wie es in dem Liede heißt:

本意还金因得子，　　　Der gab gefundnes Geld zurücke
立心卖嫂反输妻；　　　Und fand den langentbehrten Sohn,
世间唯有天工巧，　　　Der andre schmiedet arge Tücke,
善恶分明不可欺。　　　Verlor die eigne Frau zum Lohn,
　　　　　　　　　　　Gerecht und weise ist der Himmel,
　　　　　　　　　　　Ob gut, ob bös, es zeigt sich schon.

## 二、《中国的自由战争》[①]（Chinas Freiheitskampf）

### 卫礼贤著　魏以新译

中国自数十年来，实在自数百年来，已屈服于外国势力之下，外人夺它的土地，以武力压迫，输入鸦片，开关通商口岸，更利用条约与舰队以传播基督教。外人在中国不以客位自足，反将管理侨居中国外人之权，掠为己有。因为如是，自然外人对华人犯有重罪时，可完全以无辜论。这种外国领事裁判权黑暗不堪的状况，就是德国人也经历过，在上海德人有事发生时，也归会审公廨管理，有许多彰明较著荒谬绝伦的制断，实为公廨之罪恶。中国青年现在的奋斗，只是个正当防卫的战争。他们要做自己家里的主人翁，

China wird seit Jahrzehnten, ja seit Jahrhunderten, vom Ausland geknechtet. Man hat ihm Land weggenommen, man hat es durch einen Krieg dazu gezwungen, Opium einzuführen und Häfen dem fremden Handel zu eröffnen, man hat ihm die christliche Mission aufgezwungen unter Anwendung von Sanktionen und Kanonenbooten. Man begnügte sich nicht mit der Gastrolle, sondern riß die Gerichtsbarkeit über die fremden Staatsangehörigen an sich, wodurch es natürlich ausgeschlossen war, daß auch das schwerste Verbrechen eines Fremden gegen einen Chinesen seine volle Sühne fand. Den unerträglichen Zustand dieser fremden Gerichtsbarkeit haben ja auch wir Deutsche in Schanghai erfahren, wo man auch deutsche Fälle dem internationalen Gerichtshof unterwarf, der mehrere ganz offenkundige Fehlurteile sich zuschulden kommen ließ. Das kämpfende junge China befindet sich rein in einem Verteidigungskampf. Man will Herr im eigenen Hause sein, man will nicht fremder Gerichtsbarkeit unterstehen, sondern umgekehrt die Gäste, die sich auf chinesischem Boden niederlassen, unter der

①　原载于《德文月刊》第2卷第4期，第178—179页。原文配有字词解释，此处不再赘录。

他们不要服从外国法律，而且要居留中国地方的客人，遵守中国的法律与管理，像日本、土耳其和其他一切文化国家一样，他们要取消为中国脓疮的租借地租界；因为失败的党系总是借租界为护身符，以谋卷土重来，所以中国的战争没有绝对的胜负。他们不要受条约的压迫，要遵照自由意志重订互相平等的条约。总之，中国人要自由，要能自由参加人类共同的工作。德国和俄国完全承认这种要求，根据双方平等原则，与中国重新订约。其他列强不要这样，所以发生了这次战争。

协约国总是向我们鼓吹进步的话，我盼望他们在这次事件中，要自己研究韬略，改变对华政策。

Gerichtsbarkeit und Verwaltung des eigenen Landes haben, wie das in Japan, der Türkei und den sämtlichen anderen Kulturstaaten auch der Fall ist. Man will die Gebiete der Fremdherrschaft aufheben, die die Eiterbeule Chinas sind, da in China kein Entscheidungskampf möglich ist, weil die unterliegende Partei immer dort Unterschlupf findet und sich erholen kann. Man will sich keine Verträge mehr aufzwingen lassen, sondern sie als gleichberechtigter Teil nach freiem Ermessen schließen. Kurz, man will frei sein und frei mitarbeiten können an den gemeinsamen Menschheitsaufgaben. Deutschland und Rußland haben diesen Anspruch voll anerkannt und neue Verträge auf der Grundlage der Gleichberechtigung mit China geschlossen. Die anderen Mächte wollen das nicht. Darum geht der Kampf.

Die Entente predigt uns den Fortschritt, sie möge in dem hier gegebenen Fall selber die Kunst erlernen, zu anderen Methoden überzugehen.

# 附录三　莱茵瓦尔德博士辑录
## 《什么译成了德文》①
## （书目部分）

## 一、Philosophie und Religion（哲学和宗教）

1. Kung-Fu-Tses Gespräche（Lun-yü）übersetzt von Richard Wilhelm. R. Wilhelm lebte 25 Jahre in China, meist in Tsingtau; später wurde er der Gründer und erste Leiter des China-Instituts in Frankfurt. Sein Lebenswerk galt der Philosophie und Lebensweisheit Chinas; über sie hat er eine lange Reihe von vielgelesenen Werken geschrieben.

1.《论语》，卫礼贤译。卫礼贤住在中国25年，多半在青岛，后为德国福郎克佛中国学院的创始人和第一任院长。其平生著作，厥为中国的哲学和人生智慧，因此，彼会著述无数为人好读之名著。

2. H. Haas: Konfuzius in Worten aus seinem eigenen Mund. 1920.

2.《孔子亲语》，哈斯译，1920。

3. H. Haas: Weisheitsworte des Laotsze 1920.

3.《老子精华录》，哈斯译，1920。

4. Laotse. Tao Te King übersetzt, eingeleitet und kommentiert von V. v. Strauss 1924.

4.《老子道德经》，史特劳斯翻译，引言，并注解，1924。

5. Laotse. Tao-te-king. Das Buch des Alten von Sinn und Leben, übersetzt von Richard Wilhelm.

5.《老子道德经》，卫礼贤译。

6. Mong Dsi（Mong Ko），übersetzt und erläutert von Richard Wilhelm.

6.《孟子（孟轲）》，卫礼贤译并注释。

7. I-Ging. Das Buch der Wandlungen, übersetzt von Richard Wilhelm. 2 Bde.

7.《易经》，卫礼贤译，二册。

8. Frühling und Herbst des Lü Bu We, übersetzt von Richard Wilhelm.

8.《吕不韦：吕氏春秋》，卫礼贤译。

---

① 简体转录，中文部分添加书名号。

9. Das Geheimnis der goldnen Blüte
(Tai I Gin Hua Dsung Dschi), ein chinesisches
Lebensbuch, übersetzt und erläutert von Richard
Wilhelm, mit einem Kommentar von C. Jung. 1929.

9.《太乙金华宗旨》,卫礼贤译并注。附有心理学家容格的注解。

10. Liä Dsi: Das wahre Buch vom quellenden
Urgrund. Die Lehren der Philosophen Liä Yü
Kou und Yang Dschau, übersetzt von Richard
Wilhelm.

10.《列子:冲虚真经》。哲学家列御寇与杨朱之学说。卫礼贤译。

11. Li Gi: Das Buch der Sitte des älteren und
jüngeren China. Aufzeichnungen über Religion
und Kultur des alten Chinas, übersetzt und
erläutert von Richard Wilhelm.

11.《礼记:论古代与近代中国之习俗》,关于古代中国宗教与文化之记载,卫礼贤译并注释。

12. Me Ti: Des Sozialethikers und seiner
Schüler philosophische Werke. Vollständig
übersetzt und mit ausführlicher Einleitung,
erläuternden und textkritischen Anmerkungen
versehen von A. Forke 1923.

12.《墨翟:社会伦理学家及其弟子之哲学著作》,1923年全部为福尔克译述,并有尽详之引言、注解及校勘之注译。

13. Dschuang Dsi: Das wahre Buch vom
südlichen Blütenland. Nan Hua Dschen Ging.
Übersetzt von Richard Wilhelm.

13.《庄子:南华真经》,卫礼贤译。

14. Die Weisheit des Dschuang Dse. In
deutschen Lehrgedichten von V. Hundhausen.
    V. Hundhausen, Professor für deutsche
Literatur in Peiping, hat sich die Aufgabe
gesetzt, chinesische Gedichte, Singspiele
und Dramen durch Nachdichtung in
formvollendeten deutschen Versen einem
breiten Leserkreis in Deutschland zuzuführen.

14.《庄子之智慧》,洪涛生译为德文哲理诗。洪涛生为北京大学德国文学教授,彼曾以此自任,将中国之诗、歌剧与戏曲,仿译为完美之德国诗,介绍给德国的广大读者。

15. Reden und Gleichnisse des Dschuang Tse 1936.

15.《庄子的谈论与比喻》,1936。

16. F. Kuhn: Chinesische Staatsweisheit.
Abschnitte aus verschiedenen Philosophen, der
sich mit dem Aufbau und der Regierung des
Staates befassen.

16.《中国政治学》,佛朗士·苦恩译。选译自各派不同的,研究国家之建设与政府之哲学家。

## 二、Gedichte und Dramen（诗歌及戏剧）

17. K'üh Yüan. T'ien wen=die Himmels-fragen. Übersetzt und erklärt von August Conrady, abgeschlossen und herrausgegeben von E. Erkes. 1931.

17.《屈原：天问》，奥古斯德 康拉底译并释。 1931年由艾克斯结束出版。

18. K'üh Yüan. Fahrt in die Ferne. Yüan-Yu. 2. Teil, Text, Übersetzung und Anmerkungen von F. Biallas 1931.

18.《屈原：远游》毕阿拉斯译注，1931。

18a. K'ü Yüan: Neun Lieder. Auswahl, von F. X. Biallas übersetzt.

18a.《屈原：九歌》，毕阿拉斯选译。

19. Chinesische Dichter. In deutscher Sprache nachgedichtet von V. Hundhausen.

19.《中国诗人》，洪涛生译。

20. Der Blumengarten. Ein chinesisches Singspiel in sieben Aufzügen. Nachgedichtet von Vinzenz Hundhausen.

20.《牡丹亭》，洪涛生译成德文诗体。

21. Der Ölhändler und das Freudenmädchen. Chinesische Geschichte, in Versen nachgedichtet von V. Hundhausen.

21.《卖油郎独占花魁女》，中国的故事，洪涛生译为诗体。

22. Chinesisch-deutsche Jahreszeiten. Chinesische Lieder und Gesänge Übersetzt von Richard Wilhelm.

22.《中德年季》，中国诗歌，卫礼贤译。

23. Dichtungen der T'ang-und Sungzeit, aus dem Chinesischen metrisch übertrageu von A. Forke. 2Bde. 1928.

23.《唐宋诗集》，福克尔译，二册。

24. Der Kreidekreis. Ein Spiel in 5 Akten. Nach dem Chinesischen von Klabund.

24.《灰阑记》，五幕剧，克拉布德译。

25. Chinesische Gedichte in deutschen Nachdichtungen, von Klabund.

25.《德译中国诗歌》，克拉布德译。

26. Die Laute von Gau Ming Ein chinesisches Singspiel in deutscher Sprache von Vinzenz Hundhausen.

26.《高明的琵琶记》，洪涛生译。

27. Po Chü-I. Lieder eines chinesischen Dichters und Trinkers. Übertragen von L. Woitsch 1925.

27.《白居易一个中国咏酒诗人之诗歌》，阿依支译，1925。

28. Das Westzimmer. Ein chinesisches Singspiel in deutscher Sprache, übersetzt von V. Hundhausen.

28.《西厢记》，洪涛生译。

29. Tau Yuan-Ming: Ausgewählte Gedichte in deutscher Nachdichtung von V. Hundhausen.

29.《陶渊明》，洪涛生选译。

## 三、Erzählungen und Romane（故事及小说）

30. Eisherz und Edeljaspis oder die Geschichte einer glücklichen Gattenwahl.
Roman aus der Mingzeit. Übersetzt von Franz Kuhn.（Hao Kiu Tschuan）.

30.《水冰心与铁中玉》，即《好逑传》，明朝小说，佛郎士·苦恩译。

31. King Ping Meh oder die abenteuerliche Geschichte von Hsi Men und seinen sechs Frauen. Aus dem Chinesischen übertragen von Franz Kuhn.（gekürzt）.

31.《金瓶梅，西门庆与他六个妻妾的奇史》，佛郎士·苦恩译。

32. Die Räuber vom Liangschan-Moor. Übertragen von Franz Kuhn（Shui Hu Po）.

32.《梁山泊的群盗》，即《水浒传》，佛郎士·苦恩译。

33. Der Traum in der Roten Kammer. Chinesischer Roman des 17. Jahrhunderts, übersetzt von Franz Kuhn.

33.《红楼梦》，一部 17 世纪的中国小说，佛郎士·苦恩译。

34. Die Rache des jungen Meh oder Das Wunder der zweiten Pflaumenblüte, übertragen von Franz Kuhn.

34.《梅氏的复仇》，即《二度梅》，佛郎士·苦恩译。

35. Das Perlenhemd. Eine chinesische Liebesgeschichte, übertragen von Franz Kuhn.

35.《珍珠衫》，一个中国的爱情故事，佛郎士·苦恩译。

36. Die Jadelibelle. Chinesischer Liebesroman, übersetzt von Franz Kuhn 1936.

36.《玉蜻蜓》，一部中国的爱情小说，佛郎士·苦恩译。

37. Chinesische Meisternovellen. Übersetzt von Franz Kuhn.

37.《中国小说选》，佛郎士·苦恩译。

38. Hai Schang Schuo Mong Jen: Fräulein Tschang. Ein chinesisches Mädchen von heute. Roman, aus dem Original übersetzt von Franz Kuhn.

38.《海上说梦人著：张小姐》，即《歇浦潮》，佛郎士·苦恩译。

39. Ju Kiao Li. Ein chinesischer Familienroman. In deutscher Bearbeitung von Emma Wuttke-Biller.

39.《玉娇梨》，一部中国的家庭小说，慕特毕勒译。

40. Schi Nai Ngan. Wie Lo-To unter die Rebellen kam. Komischer Roman. Aus dem Chinesischen übersetzt von Maximilian Kern.

41. Chinesische Geister- und Liebesgeschichten. Auswahl aus dem Liao Tschai Tschih Yi. Übertragung von Martin Buber 1927.

42. Novellen aus dem Kin-Ku-Ki-Kuan. 1924.

43. Shu Pi. Das kostbare Heldenblut von Shu. Übersetzt von F. Weiss. 1929.

44. Dschung Kue oder der Bezwinger der Teufel. Das neunte chinesische Meisterbuch. Übertragung von Claude du Bois-Reymond. 1936

## 四、Werke verschiedenen Inhalts（其他著作）

45. Briefe eines chinesischen Gelehrten, von G. L. Dickinson, übersetzt von A. Malata.

46. Sven Hedin: Jehol, die Kaiserstadt. Darin Übersetzungen geschichtlicher Berichte aus der Zeit der grossen Mandschukaiser.

47. Li Hung Tschang. Memoiren des Vizekönigs. 1915.

48. Sun Yat-sen: Dreissig Jahre chinesische Revolution. Übersetzt von Tsan Wan. 1927.

49. Sun Yat-sen. Die drei nationalen Grundlehren. Teil I. Die Grundlehren vom Volkstum.

50. Chiang Kai-Chek. Reden. 1936.

51. Lin Yutang: Mein Land und mein Volk. Aus dem englischen Text des Verfassers übersetzt von Süskind. 1936.

52. Chinesische Volksmärchen. Ausgewählt und übertragen von W. Eberhard 1936.

53. H. Hackmann: Laienbuddhismus in China 1924. Übersetzung wichtiger buddhistischer, chinesischer Schriften.

54. Chinesische Märchen. Gesammelt und übersetzt von Richard Wilhelm

40.《施耐庵：鲁达落草记》，滑稽小说，克马西连·客恩译。

41.《中国神怪爱情小说》由《聊斋志异》选出，马丁·布白译 1927。

42.《今古奇观》，1924。

43.《蜀碧：蜀地英雄血》，外司译，1929。

44.《钟馗》，即《平妖传》，第九奇书，布阿落芒译。

45.《一个中国学者的通信》，马刺他译。

46.《皇城热河》，其中有满清时代之历史文件的译述，斯文·赫定著。

47.《李鸿章》1915

48.《孙中山：三十年的中国革命》，1927。

49.《孙中山：三民主义》卷一，民族主义。

50.《蒋介石讲演集》1936。

51. 林语堂《我国与我民》，徐士京由著者英文本译。

52.《中国童话集》，厄珀哈尔德选并译，1936。

53.《中国的通俗佛教》，哈克满译。

54.《中国童话》，卫礼贤集译。

55. Hesser: Chinesische Sprichwörter, Phrasen und Redensarten, 1909.

55.《译中国谚语、方言及成语》,黑色尔著1909。

56. Lu Chi: Wen Hsüan（Yen lien chu）. Auswahl übersetzt von E. von Zach. Jubiläumsband der Ostasiatischen Gesellschaft, 1933.

56. 陆机:《文选》(演连珠),萨黑选译。

57. Die Lebensgeschichte des Feldherrn Sü-Da（1332-1385）. Aus der Geschichte der Ming-Dynastie, Kap. 125, übersetzt von Wilhelm Othmer Nr. 57 und 58 im selben Band wie 56 gedruckt.

57.《徐达将军传》,威廉·欧特曼译。

# 附录四 《欧特曼教授哀思录》部分材料

## 简介

　　《欧特曼教授哀思录》,线装一册,南京国华印书馆印,蔡元培与罗家伦各题书名,张元济、黄伯樵各撰一篇中文序,滕固撰德文序,内收魏以新著翔实的欧特曼传记,收录诔词和悼文。

## 材料精选
### 一、蔡元培、罗家伦题书名

图20　　　　　　图21

## 二、张元济序和德文书名

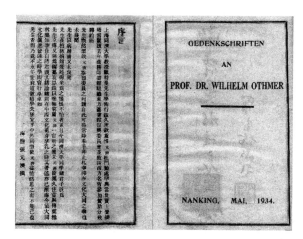

图 22

## 三、蔡元培、孙科诔词

图 23

## 五、林森、孔祥熙诔词

图 24　　　　　　　　　　图 25

## 六、马君武、罗家伦哀辞

图 26

## 七、滕固、王云五、东方图书馆挽词

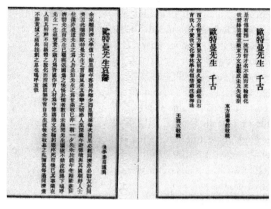

图 27

# 附录五　冯至辑录《德语成语类编》①

冯至（原刊名冯承植）辑录了《德语成语类编》（*Deutsche Redensarten, nach Sachgruppen angeordnet* ）。

1. Denken 思想

Ich komme auf den Gedanken. ⎫
Ich verfalle auf einen Gedanken. ⎬ 我想到
　　　　　　　　　　　　　　　⎭

Ich gerate auf der Einfall. ⎫
Es fährt mir durch den Sinn. ⎬ 某事浮上心头。
Es kommt mir in den Sinn. ⎭

2. Überlegen 考虑，思量

Ich gehe mit mir zu Rate. 我自家商议。

Ich zerbreche mir den Kopf über etw. 我为某事绞头脑，（焦心）。

Ich wäge die Worte ab 我斟酌字句。

Ich bin in eine Ansicht verrarrt. 我痴迷在一种意见中。

① 原载于第三卷第五期第 149—150 页和第六期第 190—192 页。

Ich lasse etwas durch den Kopf gehen. 我让某事经过我的头脑，（过心）。

Er sammelt seine Gedanken. 他聚集他的思想。

Er fasst einen Gedanken. 他把住一个思想。

Es kommt mir nicht aus dem Sinn. 某事总萦回在我的心头。

Es lenkt die Gedanken auf sich. 某事引人思考。

Es nimmt mir den Geist in Anspruch. 某事使我费神。

3. Aufmerksam 注意

Ich gebe acht auf etw. 我注意某物。

Ich nehme etw. in Augenschein. 仔细观看某物。

Ich wende jedes Blatt um. 我页页翻到。

Ich sehe jm. auf die Finger. 我监视某人。

Ich verfolge etwas mit den Augen und dem Blick. ⎫
Ich behalte etwas im Auge. ⎬ 我眼盯某事。
Ich lasse etwas nicht aus den Augen. ⎭

Ich bleibe dabei. ⎫ 我不离开某物。
Ich bin bei der Sache. ⎭

Ich richte den ganzen Sinn auf etwas. 我全心贯注某物。

Es fängt mir das Auge. ⎫ 某事启发我的眼目。
Es öffnet mir die Augen. ⎭

Es findet Beachtung. ⎫ 某事唤人注意。
Es weckt mir die Aufmerksamkeit. ⎭

4. Unaufmerksam 不注意，忽略。

Ich gebe mir keine Mühe. 我不费事。

Ich wende die Aufmerksamkeit ab. 我不注意。

Ich bin ganz wo anders. 我完全心不在此。

Ich schaue in den Himmel. ⎫ 我望着青天。
Ich gucke ins Blaue. ⎭

Ich lasse mir kein graues Haar wachsen. 我不让我长白头发。

Ich kümmere mich nicht um etw. 我不管某事。

Ich mache mir keine Sorge. 我不费心。

Ich ziehe etwas nicht in Betracht. 我不顾虑某物。

Ich schenke der Sache keine Aufmerksamkeit. 我不注意某物。

Ich kehre der Sache den Rücken. 我向之以背。

Ich lasse etwas ausser acht. 我不注意某物。

5. Ansicht 意见

Ich hege eine Meinung. ⎫
Ich bin der Meinung. ⎬ 我有意见。
Ich verbreite eine Ansicht. ⎭

Ich bilde mir ein Urteil. 我下一判称。

Ich mache mir ein Bild. ⎫

Ich setze mir etwas in ⎬ 我想象。

den Kopf. ⎭

Ich halte etwas für gewiss 我以某事为正确。

Es ist mir so, als wenn ······ 我觉得，好像······

Es erweckt den Anschein. 某事好像。

6. Kenntnis 知识

Ich weiss Bescheid. 我知道底细。

Ich habe etwas am Schnürchen. (=Ich kenne etwas genau.) 我精通某事。

Ich gehe vor die rechte Schmiede (=Ich wende mich an die rechte Stelle)
我走向适当的地方。

Ich bin in der Sache zu Hause. ⎫

Ich habe es in den Fingerspitzen. ⎬ 我精通某事。

Ich weiss, wie die Sachen stehen. 我知道这事是怎么回事。

······, wie etwas anzufassen, -packen, - greifen ist. 我知道，某事应怎样捉摸。

······, wo der Knoten sitzt. 我知道，关节在什么地方。

······, woran es liegt. 我知道，要点什么地方。

······, aus welchem Loch der Wind pfeift. 我知道，风从那个孔里吹。

7. Lehren 教

Ich gebe Aufschluss über etwas. 我给与关于某事的启发。

Ich erteile Unterricht. 我授课。

Ich halte Vorlesung. 我诵读讲义（在大学中）。

Ich lege einen Grund in der Wissenschaft. 我打定学术中的基础。

Ich trete dem Irrtum entgegen. 我解除迷惑。

Ich bringe jm. eine Meinung bei. 我给某人一个意见。

Ich zeichne jm. den richtigen Weg vor. 我指某人以正途。

8. Lernen 学

Ich absolviere den Kursus. 我毕业。

Ich mache den Lehrgang durch. 学毕学程。

Ich eigne mir die Wissenschaft an. 我化学识为己有。

Es ist mir zur zweiten Natur geworden. 那成了我第二的天性。

Ich lasse mich lenken. 我受教。

Ich setze mich jm. zu Füssen. 我坐于某人足下。

9. Gedächtnis 记忆

Ich besinne mich auf etwas. ⎫

Ich entsinne mich eines Dinges. ⎬ 我想起某物、某事。

Ich erinnere mich an etwas. ⎭

Ich schreibe mir etwas hinter die Ohren. 我写某事在耳后边（我记住某事）。

Ich weiß etwas auswendig. 我熟悉某事。

Ich lerne etwas auswendig. 我熟习某物。

Ich habe etwas im Kopf, im Gedächtnis. 我脑中有某物、我记忆中有某物。

Ich lebe in der Vergangenheit. 我在过去中生活。

Ich rolle vergangene Zeiten auf. 我展开过去时代。

Ich rufe etwas ins Gedächtnis. 我换回某物于记忆中。

Ich reiße alte Wunde auf. 我撕开旧日日的伤痕。

10. Vergessen 忘却

Ich verliere etwas aus dem Sinn. 我遗忘某物。

Ich übergebe etwas der Vergessenheit. 我将某事交付遗忘。

Ich begrabe etwas in Vergessenheit. 我埋葬某事于遗忘中。

Ich lasse Gras über etwas wachsen. 我让草生长在某物上边。

Ich gebe etwas der Vergangenheit anheim. 我将某事付与过去。

Ich schlage etwas in den Wind. 我听作耳旁风。

Ich habe ein Gedächtnis wie ein Sieb. 我有一种记忆像一个筛子。

Es geht zu einem Ohr hinein, zum andern heraus. 这耳朵进去, 那耳朵出来。

Es kräht kein Hahn danach. (=niemand fragt danach.) 无人挂念那件事。

11. Überraschen 惊奇

Ich bin aus den Wolken, aus allen Himmeln gefallen. 我从云里落下来了, 我从天空里落下来了。

Ich erwache aus dem Traum. 我从梦中醒来。

Ich verliere die Fassung. 我举止失措。

Ich bin erschossen. 我被打中了。

Ich komme unverhofft zu etwas. 我想不到遇到某物。

Es kommt wie ein Blitz aus heiterem Himmel. 晴天霹雳。

12. Enttäuschen 失望

Ich mache die Rechnung ohne den Wirt. (=mehr Geld ausgeben, als man berechnet) 用金超过预算。

Ich erwache aus dem Taumel. 从迷梦中醒来。

Er vernichtet mir die Hoffnung. 毁灭希望。

Es zerfliesst in Luft. 化为空气。

Es löst sich in Wohlgefallen auf. 某事归于消灭。

Es benimmt jm. die Aussicht. 使某人失望。

Es benimmt einer Sache den Zauber. 使某物失去魔力。

13. Klugheit 聪明

Ich kenne mich in etwas aus. 我精通某事。

Ich habe etwas in mir. 我自知某事。

Ich lasse mir nichts aufbinden. 我不受欺骗。

Wer mich betrügen will, muss früh aufstehen. 谁要欺骗我, 必须早立起来。

Wer mich für dumm kauft, hat sein Geld umsonst ausgegeben. 谁若拿

我当愚蠢买，谁就把他的钱白花了。

Ich bin nicht auf den Kopf gefallen. 我不倒着跌下来（我不愚蠢）。

Ich lasse mich nicht überfahren. 我不让人压过去。

Ich bin nicht so dumm, wie ich aussehe. 我不像我外表那样愚蠢。

14. Dummheit 愚蠢

Ich kann nicht mitkommen. 我跟不上。

Ich habe das Pulver nicht erfunden.

（=Ich bin kein bedeutender Kopf.）我没有发明火药（我是一愚人）。

Ich habe bei der Erfindung des Pulvers im Nebenzimmer gesessen. 发明火药时我在隔壁屋中坐着。

Ich habe ein Brett vor dem Schädel. 我有一块木板在头颅前边。

Ich habe Häcksel im Kopf. 我头中有蒿草。

Ich bin kein Licht. 我不是光。

Ich kann nicht bis drei zählen. 我不能数数字数到三。

15. Schlauheit 狡猾

Ich fange den Teufel im freien Feld. 我在旷野中捉魔鬼。

Ich weiß mich zu drehen und zu wenden. 我会圆通周转。

Ich führe etwas im Schilde,（gegen jn.）我有秘密的目的（对待某人）。

Ich weiche der Frage aus. 我闪躲问题。

Ich gehe die Autwort① um. 我躲开回答。

Ich stelle jm. eine Falle. 我给某人安排陷阱。

Ich fische im Trüben. 浑水里摸鱼（寻自己的利益）。

Ich treibe falsches Spiel. 我作虚伪的把戏。

Ich grabe jm. eine Grube. 我陷害某人。

Ich locke jn. ins Garn, Netz. 我诱某人入网。

# 附录六　儒家经典

## 第一、二卷

### 一、《论语》，共十条

1. 第一卷第四期，共三条

卫灵公篇第九条子曰："志士仁人，无求生以害人仁，有杀身以成仁。"

---

① 此处疑印刷错误，应是 Antwort。——笔者注

（131）

学而篇第三条子曰："巧言令色，鲜矣仁。"（134）

为政篇第11条子曰："温故而知新，可以为师矣。"（139）

2．第一卷第五期，共两条

宪问篇第41条子路宿于石门，晨门曰："奚自？"子路曰："自孔氏。"曰："是知其不可为之者舆？"（159）

为政篇第12条子曰："君子不器。"（173）

3．第一卷第六、七期，共一条

子罕篇第16条子在川上曰："逝者如斯夫，不舍昼夜！"（225）

4．第一卷第八、九期，共一条

述而篇第19条叶公问孔子于子路，子路不对。子曰："女奚不曰：其为人也，发愤忘食，乐以忘忧，不知老之将至云尔。"（293）

5．第二卷第一期，共一条

里仁篇第14条子曰："不患无位，患所以立，不患莫己知，求为可知也。"（41）

6．第二卷第七期，共两条

子曰："不曰'如之何、如之何'者，吾末如之何也已矣。"（346）

子曰："群居终日，言不及义，好行小慧，难矣哉！"（346）

## 二、《孟子》，共十条

1．第一卷第二期，共一条

梁惠王上第三节末段（56—57）

2．第一卷第五期，共一条

离娄下第11节（186）

3．第一卷第11期，共一条

离娄下第33节（399）

4．第二卷第五期，共两条

离娄上第十节（224）

滕文公下第二章节选（228）

5．第二卷第六期，共四条

尽心上第十节（271）

尽心上第七节（272）

尽心上第18节（289）

尽心上第25节（291）

6．第二卷第七期，共一条

离娄上第27节（342）

# 附录七　德语文学汉译及评论书目

| 页码 | 作者 | 篇名 | 译者 | 标题中译 |
|---|---|---|---|---|
| | | 第一卷　第一期 | | |
| 10—13 | Theodor Storm | Ein Bekenntnis（Ⅰ） | 闵之笃 | 忏悔 |
| 14—18 | Friedrich Hebbel 黑白尔 | Maria Magdalena（Ⅰ） | 俞敦培 | 马利亚抹大累纳 |
| 18—20 | Nikolaus Lenau | Der Postillon | 俞敦培 | 驿夫 |
| 20—24 | Friedrich Ratzel | Am Meer（Ⅰ） | 德懋 | 滨海 |
| | | 第一卷　第二期 | | |
| 35-43 | Heinrich Zschokke | Max Stolprian | 牛长珍 | 一个笨人的自述 |
| 43 | Goethe 哥德 | Vom Gegner | 不详 | 反对者 |
| 44-49 | Theodor Storm | Ein Bekenntnis（Ⅰ） | 闵之笃 | 忏悔 |
| 49 | Goethe | Die beste Regierung | 不详 | 最好的政府 |
| 50-54 | Friedrich Hebbel | Maria Magdalena（2） | 俞敦培 | 马利亚,抹大累纳 |
| 54 | Goethe 歌德 | Von den Halbnarren und Halbweisen | 不详 | 半愚半智 |
| 55 | Gottfried Keller | Abendlied | 俞敦培 | 晚歌 |
| 57 | Wilhelm von Humboldt | Ein Spruch | 守拙 | 格言一则 |
| 58-59 | | Die drei hungrigen Tiere | 陈钧九 | 三饿兽 |
| 63 | Goethe | Aufrichtig — unparteiisch | 不详 | 正直的—公平的 |
| | | 第一卷　第三期 | | |
| 67-74 | Lessing | Die drei Ringe | 守拙 | 三个戒指 |
| 74 | Goethe | Wahrheitsliebe | 不详 | |

续表

| 页码 | 作者 | 篇名 | 译者 | 标题中译 |
|---|---|---|---|---|
| 75-80 | Magda Trott | Weg mit dem Auto! | 詹大权 | 废去汽车啊! |
| 80 | H. S. | Er liebt das Zusammengehen | 牛长珍 | 他喜欢同行 |
| 81-88 | Theodor Storm | Ein Bekenntnis（3） | 闵之笃 | 忏悔（二续） |
| 88 | Goethe | Die Stufen | 守拙 | 阶级 |
| 89-96 | Friedrich Hebbel 黑白尔 | Maria Magdalena（3） | 俞敦培 | 马利亚, 抹大累纳（二续） |
| 97-99 | Richard von Volkmann-Leander | Die künstliche Orgel | 陈钧九 | 中译名《巧风琴》 |
| 99 | Goethe | Das Beste der Geschichte | | 历史的至宝 |
| 100 | | Lügen haben kurze Beine | | 诳言难久 |
| 第一卷 第四期 | | | | |
| 105-108 | 欧特曼 | Zu Kants 200jährigem Geburtstag | 魏以新 | 康德二百年生日纪念 |
| 109-114 | Robert Reinick | Des Esels Schatten | 马雄冠 | 驴影 |
| 115-119 | Theodor Storm | Ein Bekenntnis（4） | 闵之笃 | 忏悔（三续） |
| 119 | Goethe | Wollen und Tun | 不详 | 志愿与行为 |
| 120-131 | Friedrich Hebbel 黑白尔 | Maria Magdalena（4） | 詹大权 | 马利亚, 抹大累纳（三续） |
| 132-134 | Adelbert von Chamisso | Böser Handel | 俞敦培 | 凶恶的买卖 |
| 140 | | Das Äffchen und die Nuß | 马雄冠 | 小猴与核桃 |
| 第一卷 第五期 | | | | |
| 143 | 培仑子 | 引歌德 "Tages Arbeit, abends Gäste! Saure Wochen, frohe Feste! "（白昼做工, 晚间会客! 辛苦数周, 愉乐过节!） | 谢维耀 | 未单独成篇, 出自歌德《掘宝者》 |

续表

| 页码 | 作者 | 篇名 | 译者 | 标题中译 |
|---|---|---|---|---|
| 150-159 | Friedrich Hebbel | Pauls merkwürdigste Nacht | 牛长珍 | 鲍尔最奇的一夜 |
| 160-165 | Theodor Storm | Ein Bekenntnis（5） | 闵之笃 | 忏悔（四续） |
| 166-173 | Friedrich Hebbel 黑白尔 | Maria Magdalena（5） | 詹大权 | 马利亚, 抹大累纳（四续） |
| 177 | Goethe | Irrtum Obenauf | 俞敦培 | 诐说嚣张 |
| 182 | | Der Löffelverkäufer | 顾京 | 售匙者 |
| 184 | | Die verkannten Schattenrisse | 顾京 | 误认之侧面黑像 |
| | | 第一卷　第六七期 | | |
| 195 | Goethe | In die Fremde wandern | | |
| 196-200 | Brüder Grimm | Der Frauensand | 养浩 | 女沙 |
| 200 | Johann Gottfried von Herder | Das Menschenherz | | |
| 201-209 | Theodor Storm | Ein Bekenntnis（6） | 闵之笃 | 忏悔（五续） |
| 209 | Fr. Hebbel 黑白尔 | Zeichen der Selbstkenntnis | | 自知的凭证 |
| 89-96 | Friedrich Hebbel 黑白尔 | Maria Magdalena（6） | 俞敦培 | 马利亚, 抹大累纳（五续） |
| 218 | 歌德 | Gefunden | 梁俊青 | 寻得矣 |
| 218 | Ad. v. Chamisso | Die neue Zeit | 不详 | |
| 219 | Justinus Kerner | Der Wanderer in der Sägemühle | 魏运维 | 锯轮机中之旅行者 |
| 236 | Friedrich Hebbel 黑白尔 | Jugend und Alter | | 少壮与老年 |
| 236 | Kant 康德 | Der Himmel und das moralische Gesetz | | 天与道德律 |

| 页码 | 作者 | 篇名 | 译者 | 标题中译 |
|---|---|---|---|---|
| 238 | Goethe | Des Dichters Vaterland | 俞敦培 | 诗人的祖国 |
| 239 | Brüder Grimm | Der Rosenstrauch zu Hildesheim | 唐哲 | 喜尔赛谟的玫瑰树 |
| 239 | Schiller 洗勒尔 | Der Mensch | | |
| 第一卷　第八、九期 | | | | |
| 254-261 | Peter Rosegger 罗塞格 | Andreas Hofers Tod | 魏以新 | 安得累雅和斐的死 |
| 261 | 罗塞格 | Die Seelenbrücke | 谢维耀 | 精神之系统 |
| 262-277 | Theodor Storm | Ein Bekenntnis（7） | 闵之笃 | 忏悔（六续） |
| 278-291 | Friedrich Hebbel 黑白尔 | Maria Magdalena（7） | 俞敦培 | 马利亚，抹大累纳（六续） |
| 291 | | Es ist nicht alles Gold, was glänzt. Unrecht Gut gedeihet nicht. Wie gewonnen, so zerronnen. | | |
| 292-293 | Goethe 歌德 | Gott, Aus Goethes Faust | 俞敦培 | 上帝 |
| 294 | Brüder Grimm | Radbot läßt sich nicht taufen | 唐哲 | 公爵不受洗礼 |
| 294 | Schiller 席勒尔 | Pflicht für Jeden | | 个人的义务 |
| 297 | Kant 康德 | Der Mensch ist Selbstzweck | | 人非工具 |
| 304 | | Münchhausen auf der Entenjagd | 张嵎 | 闵豪森猎鸭 |
| 第一卷　第十期 | | | | |
| 309-314 | 欧特曼博士 | Was ist klassisch | 魏以新 | Klassisch 是什么 |
| 315-321 | Wilhelm Schussen | Der Mörder und der Tod | 唐哲 | 凶手与死 |
| 322-329 | Theodor Storm | Ein Bekenntnis（8） | 闵之笃 | 忏悔（七续） |

续表

| 页码 | 作者 | 篇名 | 译者 | 标题中译 |
|---|---|---|---|---|
| 330-338 | Friedrich Hebbel 黑白尔 | Maria Magdalena（8） | 俞敦培 | 马利亚，抹大累纳（七续） |
| 339-340 | H. Hoffmann von Fallersleben | Das Lied der Deutschen | 王光祈 | 德国国歌 |
| 341-349 | H. Zschokke | Der zerbrochene Krug | 谢维耀 | 破瓶缘 |
| 第一卷　第 11 期 | | | | |
| 360 | Walter von der Vogelweide, Jean Paul, Goethe | Freude | | |
| 361-364 | Charlotte Francke | Der Freund | 盛继悌 | 朋友 |
| 365-375 | Theodor Storm | Ein Bekenntnis（9） | 闵之笃 | 忏悔（八续） |
| 376-385 | Friedrich Hebbel 黑白尔 | Maria Magdalena（9） | 俞敦培 | 马利亚，抹大累纳（八续） |
| 386 | Goethe 歌德 | Der Schatzgräber | 梁俊青 | 掘宝者 |
| 388-398 | H. Zschokke | Der zerbrochene Krug（2） | 谢维耀 | 破瓶缘（一续） |
| 398 | Lenau | Die Natur | | |
| 第一卷　第 12 期 | | | | |
| 405-408 | Wilhelm Scherer | Die Brüder Grimm | 魏以新 | 格利母兄弟传 |
| 409-410 | | Wallensteins Lehrer | 唐哲 | 瓦能斯泰的教员 |
| 410 | M. Claudius | Das Böse | | |
| 417-421 | Friedrich Hebbel 黑白尔 | Maria Magdalena（10, Schluß） | 俞敦培 | 马利亚，抹大累纳（九续） |
| 422-423 | 歌德 | Erlkönig | 王光祈 | 爱尔王 |
| 424-433 | H. Zschokke | Der zerbrochene Krug（3, Schluß） | 谢维耀 | 破瓶缘（二续） |

续表

| 页码 | 作者 | 篇名 | 译者 | 标题中译 |
| --- | --- | --- | --- | --- |
| 8-12 | Achim von Arnim | Die zerbrochene Postkutsche | 唐哲 | 破邮车 |
| 13-19 | Heinrich von Kleist, 克赖斯特 | Die Verlobung in St. Domingo（1） | 唐文炳、袁文彬 | 蛮岛定情记（一） |
| 20-25 | Roderich Benedix | Der Prozeß. Lustspiel in einem Aufzuge. | 俞敦培 | 诉讼，独幕趣剧 |
| 28-31 | J. und W. Grimm | Der Hund und der Sperling | 秦光弘 | 犬与麻雀 |
| 54-58 | Fritz Müller | Kurszettel | 张嵲 | 行情单 |
| 59-66 | Heinrich von Kleist, 克赖斯特 | Die Verlobung in St. Domingo（2） | 唐文炳、袁文彬 | 蛮岛定情记（二） |
| 67-68 | Roderich Benedix | Der Prozeß（2）. Lustspiel in einem Aufzuge. | 俞敦培 译 | 诉讼（二），独幕趣剧 |
| 69 | Goethe 歌德 | Mignon | 郭沫若 | 迷娘歌 |
| 70-74 | Grimm | Aschenputtel（1）Aus Grimms Kinder- und Hausmärchen | 唐哲 | 秽婢（一） |
| 第二卷　第三期 | | | | |
| 104-106 | Rudolf Lothar 罗达 | Die Schrotkugel（1） | 叶雪安 | 霰弹 |
| 107-114 | Heinrich von Kleist 克赖斯特 | Die Verlobung in St. Domingo（3） | 唐文炳、袁文彬 合译 | 蛮岛定情记（三） |
| 115-119 | Roderich Benedix | Der Prozeß（3）. Lustspiel in einem Aufzuge. | 俞敦培 译 | 诉讼（三），独幕趣剧 |
| 120-123 | Goethe | Jägers Abschiedslied（1776） | 俞敦培 译 | 猎户离别曲 |
| 124-128 | Brüder Grimm | Aschenputtel（2, Schluß）Aus Grimms Kinder- und Hausmärchen | 唐哲 | 秽婢（二） |
| 129-131 | Otto Ernst 鄂图·伊倌斯特 | Was ich von Goethe gelernt habe | 涂鼎元 | 余所获益于歌德者 |

续表

| 页码 | 作者 | 篇名 | 译者 | 标题中译 |
|---|---|---|---|---|
| 132 | I. F. Castelli | Seltene Kraniche | 闵之笃 | 奇异的鹤 |
| 137 | Goethe | Über Staat und Regierung | | 论国家与政府 |
| | | 第二卷　第四期 | | |
| 151-154 | Rudolf Lothar 罗达 | Die Schrotkugel (2, Schluß) | 叶雪安 | 霰弹（二） |
| 155-162 | Heinrich von Kleist 克赖斯特 | Die Verlobung in St. Domingo（4） | 叶雪安译 | 蛮岛定情记（四） |
| 163-166 | Roderich Benedix | Der Prozeß（4）. Lustspiel in einem Aufzuge. | 俞敦培译 | 诉讼（四），独幕趣剧 |
| 167 | Goethe 歌德 | Der Fischer | 郭沫若译 | 渔夫 |
| 168-172 | Grimm | Die Bremer Stadtmusikanten Aus Grimms Kinder- und Hausmärchen | 孙毓驯 | 布勒门城的音乐家 |
| 180-181 | | 蟋蟀与蝶 | 牛长珍 | Die Grille und der Schmetterling |
| | | 第二卷　第五期 | | |
| 193-194 | | Goethe an einen Ausländer Aus Goethes Gesprächen mit Eckermann | 克闻 | 歌德致一外人书 |
| 195-197 | Brüder Grimm, 格利姆兄弟 | Das Lumpengesindel. Von den Brüdern Grimm, Kinder- und Hausmärchen | 万圣聪 | 下贱东西，选自格利姆兄弟家庭童话 |
| 198-204 | Heinrich von Kleist, 克赖斯特 | Die Verlobung in St. Domingo（5） | 叶雪安译 | 蛮岛定情记（五） |

| 页码 | 作者 | 篇名 | 译者 | 标题中译 |
|---|---|---|---|---|
| 205-209 | Roderich Benedix | Der Prozeß（5）. Lustspiel in einem Aufzuge | 俞敦培 译 | 诉讼（五），独幕趣剧 |
| 210 | Schiller, 席勒尔 | Lied des Fischerknaben. Aus Schillers „Wilhelm Tell " | 郭沫若 译 | 渔歌 |
| 218-219 | L. Aurbacher | Der Löwe und der Hase | 冈之笃 | 狮与兔 |
| 234 | | Katze und Fuchs | 唐哲 | 狐与猫 |
| 235 | | Der Adler und die Krähe | 唐哲 | 鹰与鸦 |
| 236 | | Der listige Pudel | 唐哲 | 狡猾的卷毛犬 |
| 第二卷　第六期 | | | | |
| 254-258 | Grimm, 格利姆 | Vom klugrn Schneiderlein. Aus Grimms Märchen | 王世琦 | 聪明的小裁缝 |
| 259-265 | Heinrich von Kleist, 克赖斯特 | Die Verlobung in St. Domingo（6） | 叶雪安 译 | 蛮岛定情记（六） |
| 266-270 | Roderich Benedix | Der Prozeß（6）. Lustspiel in einem Aufzuge. | 俞敦培 译 | 诉讼（六），独幕趣剧 |
| 280-281 | 俗文学 | Der Mönch und das Vögelein. Nach Bechsteins Märchen | 赵毓龄 | 修士与小鸟 |
| 282 | 俗文学 | Der Frosch und die Maus | 倪超 | 蛙与鼠 |
| 283 | 俗文学 | Der Hänfling | 徐德麟 | 红雀 |
| 第二卷　第七期 | | | | |
| 318-324 | 格林童话 | Hans im Glück | 虚无氏 | 亨斯之幸遇 |
| 325-331 | Heinrich von Kleist, 克赖斯特 | Die Verlobung in St. Domingo（7） | 叶雪安 译 | 蛮岛定情记（七） |
| 332-336 | Roderich Benedix | Der Prozeß（7）. Lustspiel in einem Aufzuge. | 俞敦培 译 | 诉讼（七），独幕趣剧 |
| 337 | Theodor Storm | Zwei Gedichte von Theodor Storm: Elisabeth, Lied des Harfenmädchen | | 以丽莎白瑟女之歌 |

| 页码 | 作者 | 篇名 | 译者 | 标题中译 |
|---|---|---|---|---|
| 338 | 俗文学 | Taube und Ameise | 牛长珍 | 鸽与蚁 |
| 356 | Schiller | Was ist naiv | 王世琦 | 何谓质朴 |
| 356 | 俗文学 | Indischer Spruch | | |
| 第二卷 第八期 | | | | |
| 363-368 | Anton B. C. Kalkhorst | Der Book-Turm in Detroit | 朱朝钦 | 都德易的 Book-Turm |
| 365-376 | 格林兄弟 | Tischchen, deck dich, Goldesel und Knüppel aus dem Sack | 徐德麟、陈子元 | 小宝桌，金驴子，袋子里出来小棒子 |
| 377-383 | Heinrich von Kleist, 克赖斯特 | Die Verlobung in St. Domingo（8） | 叶雪安译 | 蛮岛定情记（八） |
| 383 | Gustav Freytag | Bücher | | |
| 383 | M. Claudius | Das Böse | | |
| 384-387 | Roderich Benedix | Der Prozeß（8）. Lustspiel in einem Aufzuge. | 俞敦培译 | 诉讼（八），独幕趣剧 |
| 388-390 | Fr. Rückert | Vom Bäumlein, das andere Blätter gewollt hat | | 愿得他叶之小树 |
| 390 | Lenau | Die Natur | | |
| 395 | Gottfried Keller | Ein Garten | | |
| 399 | | Reinfall | 王世琦 | 上当 |
| 407 | | Das lohnt sich nicht | 王世琦 | 不值得 |
| 第三卷 第一期 | | | | |
| 9-10 | | Zu Schillers 175. Geburtstag | 唐坚 | 席勒一百七十五周诞辰 |
| 11-18 | Gottfried Keller | Kleider machen Leute | 魏以新 | 人要衣装（一） |
| 20-24 | 不详 | Der Verborgene Schatz | 易乾清 | 埋着的宝藏 |
| 29-30 | | Sprichwort | 吴子敬 | 谚语 |

| 页码 | 作者 | 篇名 | 译者 | 标题中译 |
|---|---|---|---|---|
| 30-31 | 不详 | Mörikes "Taschentuch" | 余忠秉 | 摩登凯的手帕 |
| 31-32 | | Zwei Freunde | 洪翔 | 两个朋友 |
| 32-33 | | Beim Pfandleiher | 洪翔 | 当铺主人 |
| 33-34 | | Totgefragt | 洪翔 | 给问死了 |
| 第三卷 第三期 | | | | |
| 43 | 不详 | Geschichte vom Lehrer Nafreddin | 不详 | 纳佛勒丁教师的轶事 |
| 51-52 | | Heimat und Landschaft des deutschen Märchens | 不详 | 德意志童话的故乡同风景 |
| 53—59 | Gottfried Keller | Kleider machen Leute（2） | 魏以新 | 人要衣装（二） |
| 59—62 | Ludwig Thoma | Meine erste Liebe | 朱光璧 | 我的初恋 |
| 第三卷 第三期 | | | | |
| 73 | | Humor I | | |
| 75 | | Humor II | | |
| 79 | 不详 | Geschichte vom Lehrer Nafredtin | 浴资 | 纳佛勒丁教师的轶事 |
| 81—82 | 不详 | Anekdote über Wieland | 邓才寿 | 魏兰轶闻 |
| 85—86 | Ludwig Thoma | Meine erste Liebe | 朱光璧 | 我的初恋（续） |
| 87-91 | Gottfried Keller | Kleider machen Leute（3） | | |
| 97-99 | Helene Stökl | Alfred Krupp | 白珍 | 克虏伯阿弗雷传 |
| 第三卷 第四期 | | | | |
| 115 | 歌德 | Wer ist ein unbrauchbarer Mann? Der nicht befehlen und auch nicht gehorchen kann. | | |

续表

| 页码 | 作者 | 篇名 | 译者 | 标题中译 |
|---|---|---|---|---|
| 117 | | Die letzte Mode 最近的时式 | 王大伦 | |
| 118-119 | | Schleich und seine Braut | 又默 | 许勒士和他的未婚妻 |
| 119-122 | Gottfried Keller | Kleider machen Leute（4） | 魏以新 | 人要衣装（四） |
| 128-131 | Helene Stökl | Alfred Krupp 克虏伯阿弗霍传 | 白珍 | |
| | | 第三卷 第五期 | | |
| 135-138 | Otto Franke | Wandlungen in den abendländischen Anschauungen von der chinesischen Kulturwelt | 润畲 | 西洋人对于中国文化观念的变迁 |
| 152-153-156 | | Wilhelm IV. von Preussen 普鲁士王威廉第四 | 周绍文 | |
| 153-156 | Gottfried Keller | Kleider machen Leute（5） | 魏以新 | 人要衣装（五） |
| 140-144 | Helene Stökl | Alfred Krupp 克虏伯阿弗雷传 | 白珍 | |
| | | 第三卷 第六期 | | |
| 175-180 | Gottfried Keller | Kleider machen Leute（6） | 魏以新 | 人要衣装（六） |
| 174 | | Schwieriges Teilen 难分 | 王大伦 | |
| | | 第三卷 第七期 | | |
| 207 | | Herz | 李龙光 | 心 |
| 212-217 | Gottfried Keller | Kleider machen Leute（7） | 魏以新 | 人要衣装（七） |
| | | 第三卷 第八期 | | |
| 240-242 | Wilhelm Busch | Das Hemd des Zufriedenen | 赵彭生 | 知足者的衬衫 |
| 242-248 | Gottfried Keller | Kleider machen Leute（8） | 魏以新 | 人要衣装（八） |

续表

| 页码 | 作者 | 篇名 | 译者 | 标题中译 |
|---|---|---|---|---|
| 第三卷　第九期 | | | | |
| 276-282 | Gottfried Keller | Kleider machen Leute（9） | 魏以新 | 人要衣装（九） |
| 第三卷　第十期 | | | | |
| 316-326 | Gottfried Keller | Kleider machen Leute（10） | 魏以新 | 人要衣装（十） |

# 附录八　中国文学德译书目

注：典籍包括在内

| 页码 | 作者 | 篇名 | 译者 | 德译 |
|---|---|---|---|---|
| 第一卷　第二期 | | | | |
| 56-57 | 孟子 | 孟子第一章，上，第三节末段 | 卫礼贤 | Gute Regierung |
| 第一卷　第三期 | | | | |
| 96 | 老子 | 道德经 | | Wahrheit und Schönheit der Rede |
| 第一卷　第四期 | | | | |
| 131 | 孔子 | 论语 XV | | |
| 134 | 孔子 | 论语 I, 3 | | |
| 135-139 | 庐隐 | 或人的悲哀 | 汤元吉 | Ein Menschenleid（1） |
| 139 | 孔子 | 论语，II, 11 | | Ein guter Lehrer |
| 第一卷　第五期 | | | | |
| 159 | 孔子 | 论语，XIV, 41 | | Am Steintor |
| 173 | 孔子 | 论语，II, 12 | | Der Edle ist Selbstzweck |
| 178-182 | 庐隐 | 或人的悲哀 | 汤元吉 | Ein Menschenleid（2） |

续表

| 页码 | 作者 | 篇名 | 译者 | 德译 |
|---|---|---|---|---|
| 186 | | 孟子, IV. B. 11 | | Freiheit von Pendanterie |
| | | 第一卷　第六七期 | | |
| 225 | 孔子 | 论语, IX, 16 | | Der Fluss |
| 226-234 | 庐隐 | 或人的悲哀（二续） | 汤元吉 | Ein Menschenleid（3） |
| 235-236 | | 狐与虎 | 桂仲高 | Der Fuchs und der Tiger |
| 237 | 不详 | 一个吃花生的奇法 | 瞿江士 | Ein seltsame Art, Erdnüsse zu essen |
| | | 第一卷　第八九期 | | |
| 293 | 孔子 | 论语, Lun-Yü VII, 8 | | Wer ist Kung? |
| 298-303 | 庐隐 | 或人的悲哀（三续） | 汤元吉 | Ein Menschenleid（4, Schluß） |
| | | 第一卷　第十期 | | |
| 350-352 | 吴敬梓 | 荆元，选目《儒林外史》 | 魏以新 | Djing Yüan |
| | | 第一卷　第11期 | | |
| 399 | 孟子 | 卷四，下，第33章 | | Der erbärmliche Gatte |
| | | 第一卷　第12期 | | |
| 434-435 | 列子 | 愚公移山 | | |
| | | 第二卷　第一期 | | |
| 26-27 | 欧阳修 | 秋声赋 | V. Hundhausen | Der Herbst, Nach Ou-Yang Hsiu |
| 41 | 孔子 | 子曰：不患无位，患所以立，不患莫己知，求为可知也 | | Die Ausbildung des eigenen Ich |

续表

| 页码 | 作者 | 篇名 | 译者 | 德译 |
|---|---|---|---|---|
| 第二卷　第四期 | | | | |
| 173-175 | 吴敬梓 | 王冕的少年时代 | 罗文亮 | Wang Miän in seiner Jugendzeit. |
| 176-177 | 吴敬梓 | 王冕的少年时代 | 唐哲 Tang Dschö | Wang Miän in seiner Jugendzeit |
| 第二卷　第五期 | | | | |
| 211-217 | 今古奇观 | 吕大郎还金全骨肉 | 卫礼贤 | Der ehrliche Finder, der seinen Sohn fand.（1） |
| 223-224 | Erzählt von Lin Lan | 徐文长报仇 | | Wie Hsü Wën-tschang sich rächte |
| 224 | | 自暴 | | Die Verirrten |
| 227-228 | | 义犬 | | Der treue Hund. |
| 228 | | 大丈夫 | | Der rechte Mann |
| 229-230 | | 农夫 | | Der Bauer und der Fuchs |
| 231-232 | | 雨钱 | | Der Geldregen |
| 233 | | 秦生 | | Der junge Herr Tsin |
| 第二卷　第六期 | | | | |
| 271 | | 伯兮章 | V. v. Strauß | Trauer über des Gatten Entfernung |
| 271 | 孟子 | 孟子 | | Selbsttätigkeit |
| 272 | 李太白 | 月下独酌 | Otto Hauser | |
| 272 | 孟子 | 孟子 | | Das Schamgefühl |
| 273-279 | | 吕大郎还金全骨肉，今古奇观第三十一回（完） | 卫礼贤 | Der ehrliche Finder, der seinen Sohn fand.（2, Schluß） |
| 284-286 | 梦雷 | 哑叭的一个梦 | 唐哲 | Der Traum eines Stummen. |

续表

| 页码 | 作者 | 篇名 | 译者 | 德译 |
|---|---|---|---|---|
| 287-289 | | 安期岛 | 德国大学教授欧特曼博士译 | Die Insel der Seligen |
| 289 | 孟子 | 孟子 | | Die Frucht der Trübsal |
| 290-291 | | 于江 | 欧特曼博士 | Yü Giang |
| 291 | 孟子 | 孟子 | | Der Heilige und der Räuber |
| 292-299 | 吴敬梓 | 郭孝子寻父记 | 朱朝钦 | Wie der gehorsame Sohn Guo seinen Vater suchte |
| 第二卷　第七期 | | | | |
| 339-342 | | 妖术 | 为联 | Hexerei |
| 342 | 孟子 | 孟子 | | Die Früchte |
| 343 | | 番僧 | 为联 | Die fremden Mönche |
| 344-346 | | 酒友 | 为联 | Der Trinkkumpan |
| 346 | | 论语 XV. 15 | | Wichtigkeit des eigenen Denkens |
| 346 | 孔子 | 论语 XV. 16 | | Trivialität |
| 347-349 | | 牛成章 | 为联 | Die Geschichte des Niu Tschëng-dschang |
| 第二卷　第八期 | | | | |
| 397-399 | 柳宗元 | 童区寄传 | 陈子元 | Die Geschichte des Knaben Tjü-dji |
| 第三卷　第一期 | | | | |
| 18-20 | 陶渊明 | 桃花源记 | 毛钟理 | Ein Paradies auf Erden |
| 第三卷　第二期 | | | | |
| 63-65 | 墨子, Mä Dsi | 非攻 | 白珍 | Der Gegensatz zu dem Angriffe |

| 页码 | 作者 | 篇名 | 译者 | 德译 |
|---|---|---|---|---|
| 65-66 | | 沈云英传 | | Fräulein Schen Jün-jin |
| | | 第三卷　第三期 | | |
| 84-85 | 苏子瞻 | 黠鼠赋 | 周绍文 | Die listige Maus |
| | | 第三卷　第四期 | | |
| 126-128 | 文天祥 | 正气歌 | 卫德明 | Das Lied von der Richtekraft |
| | | 第三卷　第五期 | | |
| 156-161 | 林语堂 | 浮生六记（序） | 冯可大 | Vorwort zu Sechs Kapitel "eines flüchtigen Lebens" |
| | | 第三卷　第六期 | | |
| 170-174 | 沈复 | 浮生六记 | 冯可大 | Sechs Kapitel eines flüchtigen Lebens |
| | | 第三卷　第七期 | | |
| 218-224 | 沈复 | 浮生六记 | 冯可大 | Sechs Kapitel eines flüchtigen Lebens |
| | | 第三卷　第八期 | | |
| 231-232 | 荀子 | 持国之难易 | 卫德明 | Schwer und leicht beim Festhalten eines Staates |
| 249-256 | 沈复 | 浮生六记 | 冯可大 | Sechs Kapitel eines flüchtigen Lebens |
| | | 第三卷　第九期 | | |
| 282-288 | 沈复 | 浮生六记（四） | 冯可大 | Sechs Kapitel eines flüchtigen Lebens（4） |
| | | 第三卷　第十期 | | |
| 326-338 | 沈复 | 浮生六记（五） | 冯可大 | Sechs Kapitel eines flüchtigen Lebens（5） |

# 参考文献

## 未刊文献

欧特曼博士毕业资料：HUB, UA, Promotionen Dr. phil., Phil. Fak. 01. Prom.: 396.

《国立同济大学二十周年纪念册》，吴淞，1928 年。

《关于高级教师 Dr. Othmer 到青岛特别高等专门学堂任职等事宜致德国总理 Bethmann Hollweg 的函》，1909 年 8 月 17 日，馆藏号 B0001—002—00032—0052，青岛档案馆藏。

《关于高级教师 Dr. Othmer 到青岛特别高等专门学堂任职等事宜致德国总理 Bethmann Hollweg 的函》，1909 年 8 月 18 日，馆藏号 B0001—002—00032—0052，青岛档案馆藏。

## 刊于《德文月刊》的文献

《报章摘录》，第 2 卷第 1 期。

《德国大学和留学德国现状》，魏以新译，第 1 卷第 8/9 期。

《弗力特立 黑白尔小传（1813—1863）》，第 1 卷第 1 期。

《闵豪森猎鸭》，张崿译，第 1 卷第 8/9 期。

《时事新闻》，第 2 卷第 2 期。

《时事新闻》，第 2 卷第 4 期。

《席勒一百七十五周诞辰》，唐坚译，第 3 卷第 1 期。

《中国的青年心理》，冯可大译，第 3 卷第 3 期。

［德］巴格尔：《世界重要之语言》，魏以新译，第 2 卷第 4 期。

［德］Benedix, Roderich：《诉讼》，俞敦培译，第 2 卷第 4 期。

［德］Chamisso, Ad. v.：《凶恶的买卖》，俞敦培译，第 1 卷第 4 期。

Chuang, C.：《中国之将来与欧洲之地位》，第 2 卷第 6 期。

［德］鄂图·伊倡斯特：《余所获益于歌德者》，涂鼎元译，第 2 卷第 3 期。

［德］歌德：《歌德致一外人书》，克闻译，第 2 卷第 5 期。

［德］歌德：《迷娘歌》，郭沫若译，第 2 卷第 2 期。

［德］歌德：《上帝》，俞敦培译，第 1 卷第 8/9 期。

［德］黑白尔：《马利亚·抹大累纳（4）》，詹大权译，第 1 卷第 4 期。

[德] Humboldt, W. v.:《格言一则》，守拙译，第 1 卷第 2 期。

[德] 克莱斯特:《蛮岛定情记》，第 2 卷第 1 期。

[德] Keller, Gottfried:《晚歌》，俞敦培译，第 1 卷第 2 期。

[德] Kerner, J.:《锯轮机中之旅行者》，魏运维译，第 1 卷第 6/7 期。

[德] Koller, G.:《理学院在中国的意义》，李福蓉、毛钟理译，第 3 卷第 4 期。

[德] Koller, G.:《理学院在中国的意义》(续)，李福蓉、毛钟理译，第 3 卷第 5 期。

[德] 莱辛:《三个戒指》，守拙译，第 1 卷第 3 期。

[奥] Lenau, Nikolaus:《驿夫》，俞敦培译，第 1 卷第 1 期。

[德] 莱茵瓦尔德:《什么译成了德文》，第 3 卷第 6 期。

[德] 莱茵瓦尔德:《关于中文德译的一些指示》，冯可大译，第 3 卷第 4 期。

[德] Marx, Wilhelm:《德国国务总理威廉·马克斯博士之中德关系论》，夏鸿宇译，第 1 卷第 8/9 期。

[德] 欧特曼:《封面画的说明》，第 1 卷第 2 期。

[德] 欧特曼:《中国人能如何利用欧洲文化?》，郭德歆译，第 1 卷第 1 期。

[德] 欧特曼博士:《Klassisch 是什么?》，魏以新译，第 1 卷第 10 期。

[德] 培仑子:《同济大学工科落成礼纪念》，谢维耀译，第 1 卷第 5 期。

[德] 桑德满:《德语的略史》，唐哲译，第 1 卷第 2 期。

[德] 社累耳:《格利姆兄弟传》，魏以新译，第 1 卷第 12 期。

[英] 威尔士:《中国之学校》，第 1 卷第 8/9 期。

但一:《孙中山先生》，牛长珍等译，第 2 卷第 2 期。

德文月刊社:《编后》，第 3 卷第 10 期。

德文月刊社:《致读者》，第 1 卷第 11 期。

福兰阁:《西洋人对于中国文化观念的变迁》，润畲译，第 3 卷第 5 期。

黄炎培:《德国各工厂赠与同济大学仪器纪念册序》，第 1 卷第 6/7 期。

林语堂:《浮生六记(序)》，冯可大译，第 3 卷第 5 期。

庐隐:《或人的悲哀》，汤元吉译，第 1 卷第 4 期。

庐隐:《或人的悲哀》，汤元吉译，第 1 卷第 8/9 期。

欧阳修:《秋声赋》，洪涛生译，第 2 卷第 1 期。

沈恩孚:《德国各工厂赠与同济大学仪器纪念册序》，第 1 卷第 6/7 期。

沈复:《浮生六记》，冯可大译，第 3 卷第 10 期。

[德] Storm, Theodor:《忏悔(六续)》，闵之笃译，第 1 卷第 8/9 期。

[德] Storm, Theodor:《忏悔(七续)》，闵之笃译，第 1 卷第 10 期。

[德] Storm, Theodor:《忏悔(九续)》，闵之笃译，第 1 卷第 12 期。

[德] Storm, Theodor:《忏悔》，闵之笃译，第 1 卷第 1 期。

孙中山:《中山先生与英领之谈话》，第 2 卷第 3 期。

［德］Trott, Magda:《废去汽车啊！》，第 1 卷第 3 期。

同济大学中学部德文月刊社:《发刊宣言》，第 1 卷第 1 期。

同济大学中学部德文月刊社:《同济大学中学部德文月刊社章程》，第 1 卷第 12 期。

同济大学中学部德文月刊社:《致读者》，第 2 卷第 4 期。

王新命、何炳松等:《中国本位的文化建设宣言》，唐哲译，第 3 卷第 1 期。

魏宸组:《德国法兰克福中国学院开幕演说词》，魏以新译，第 2 卷第 7 期。

吴淞国立同济大学教务处德文月刊社:《编后》，第 3 卷第 6 期。

姚耀南译述:《学校用语》，第 2 卷第 5 期。

俞敦培:《序言》，第 1 卷第 1 期。

俞敦培:《译余言赘》，第 1 卷第 12 期。

［德］Winter, Hans:《谙习七十种语言者》，张继正译，第 3 卷第 5 期。

阮尚介:《同济大学落成礼校长开会词》，第 1 卷第 6/7 期。

周尚:《同济大学教育之展望》，第 3 卷第 9 期。

朱家骅:《给我的德国朋友》，第 3 卷第 4 期。

朱家骅:《国立同济大学卅周纪念》，第 3 卷第 10 期。

［德］Zschokke, H.:《一个笨人的自述》，牛长珍译，第 1 卷第 2 期。

## 其他中文文献

《本校德文月刊社近讯》，《国立同济大学旬刊》1935 年第 80 期。

《本校德文月刊第三卷第二期出版预告》，《国立同济大学旬刊》1936 年第 112 期。

《德国东亚学会上海分会成立》，《民国日报》1931 年 2 月 8 日，第 3 张第 3 版。

《德文月刊扩充内容》，《国立同济大学旬刊》1936 年第 109 期。

《京沪各报对中日关系共同宣言》，《德文月刊》第 3 卷第 2 期。

《欧特曼教授哀思录》，南京国华印书馆 1934 年版。

《同济大学百年志》编纂委员会编:《同济大学百年志 1907—2007》（上），同济大学出版社 2007 年版。

《武汉文史资料》编辑部编:《武汉人物选录》，武汉市政协文史资料委员会 1988 年版。

《新近在平成立之中德文化协会推丁文江等十七人组织董事会 朱家骅陶德曼为名誉会长》，《华北日报》1933 年 5 月 7 日，第 7 版。

《校闻:本校附中主任陆振邦辞职改由余森文充任》，《国立同济大学旬刊》1936 年第 86 期。

［德］盖黎格士科克:《滑稽小说:破题儿第一遭》，屏周译，《礼拜六》

1915 年第 56 期卷。

　　［德］Benedix：《代他人受过的米勒先生：一幕戏剧中的笑话》，再驰译，《华光》1939 年第 1 卷第 2 期。

　　陈独秀：《陈独秀文章选编》，生活·读书·新知三联书店 1984 年版。

　　陈景磐：《中国近代教育史》，人民教育出版社 2003 年版。

　　陈平原：《二十世纪中国小说史》第一卷，北京大学出版社 1989 年版。

　　程忆帆：《再生了的"德文月刊"》，《书人月刊》1937 年第 1 卷第 3 期。

　　范伯群、朱栋霖主编：《1898—1949 中外文学比较史》上，江苏教育出版社 2007 年版。

　　方汉奇：《中国近代报刊史》上册，山西教育出版社 2012 年版。

　　冯姚平：《给我狭窄的心，一个大的宇宙——冯至画传》，百花洲文艺出版社 2015 年版。

　　范大灿主编：《冯至全集》第七卷，河北教育出版社 1999 年版。

　　福兰阁：《两个世界的回忆——一个人生命的旁白》，傅復生编，欧阳甦译，社会科学文献出版社 2014 年版。

　　文明国编：《傅斯年自述》，安徽文艺出版社 2014 年版。

　　高平叔：《蔡元培年谱长编》（下 1），人民教育出版社 1998 年版。

　　戈公振：《中国报学史》，岳麓书社 2011 年版。

　　《歌德诗集》，钱春绮译，上海译文出版社 1982 年版。

　　［德］格尔木兄弟：《格尔木童话集》，王少明译，河南教育厅编译处 1925 年版。

　　［德］格林兄弟：《格林童话》，魏以新译，广西师范大学出版社 2017 年版。

　　［德］格林兄弟：《格林童话全集》，魏以新译，商务印书馆 1934 年版。

　　［德］格林兄弟：《格林童话全集》上册，魏以新译，商务印书馆 1934 年版。

　　葛兆光：《中国思想史》第 2 卷，复旦大学出版社 2010 年版。

　　公刘：《公刘文存　序跋评论卷》第 1 册，刘粹编，安徽文艺出版社 2018 年版。

　　顾正祥编著：《歌德汉译与研究总目（续编）》，中央编译出版社 2016 年版。

　　［德］黑格尔：《历史哲学》，王造时译，上海世纪出版集团 2006 年版。

　　侯竹筠、韦庆缘：《不尽书缘：忆清华大学图书馆》，清华大学出版社 2001 年版。

　　黄伯樵：《欧特曼先生逝世十周年纪念感言》，《中德学志》1944 第 1—2 期。

　　黄昌勇、干国华编：《老同济的故事》，江苏文艺出版社 2012 年版。

　　黄华平：《近代中国铁路卫生史研究　1876—1949》，合肥工业大学出版社 2016 年版。

黄怡容:《德国汉学家福兰阁论中国》,中国社会科学出版社 2017 年版。

季羡林:《诗人兼学者的冯至先生》,《外国文学评论》1990 年第 3 期。

健:《德文月刊社略历及近况》,《芥舟》1934 年第 2 期。

金正基主编:《同济的故事》,同济大学出版社 2015 年版。

[美]柯伟林:《德国与中华民国》,陈谦平等译,江苏人民出版社 2006 年版。

[德]克拉:《仇之恋》,周学普译,金屋书店 1929 年版。

雷通群:《西洋教育通史》,安徽人民出版社 2018 年版。

李今主编:《汉译文学序跋集 第二卷 1911—1921》,上海人民出版社 2017 年版。

李乐曾:《德国对华政策中的同济大学(1907—1941)》,同济大学出版社 2007 年版。

李泽厚:《中国现代思想史论》,生活·读书·新知三联书店 2008 年版。

林煌天主编:《中国翻译词典》,湖北教育出版社 1997 年版。

刘福春主编:《冯至全集》第二卷,河北教育出版社 1999 年版。

刘国铭主编:《中国国民党百年人物全书》(上),团结出版社 2005 年版。

刘运峰编:《1917—1927 中国新文学大系导言集》,天津人民出版社 2009 年版。

刘振元主编:《上海高级专家名录》第 1 卷,上海科学技术出版社 1992 年版。

卢白羽:《莱辛研究在中国》,《同济大学学报》(社会科学版)2018 年第 2 期。

《鲁迅全集》第 9 卷,北京日报出版社 2016 年版。

陆米强编:《陈绍康中共党史研究文集》,上海古籍出版社 2007 年版。

陆霞:《走进格林童话 诞生、接受、价值研究》,四川文艺出版社 2012 年版。

《马克思恩格斯全集》第 21 卷 中共中央马克思恩格斯列宁斯大林著作编译局编译,人民出版社 2016 年版。

[美]马立博:《现代世界的起源——全球的、环境的述说,15—21 世纪》,夏继果译,商务印书馆 2018 年版。

毛小红:《中国德语文教育历史研究(1861—1976)》,博士学位论文,上海外国语大学德语系,2014 年。

[德]欧特曼:《乐观主义与悲观主义》,胡嘉译,《同济杂志》1921 年第 1 卷第 1 号。

秦绍德:《上海近代报刊史论》,复旦大学出版社 2014 年版。

[德]桑德满:《德文入门》,德商壁恒图书公司 1931 年版。

[德]桑德满:《德文读本汉释》第 1 册,德华高等专科学校 1913 年版。

沈宁编著:《滕固年谱长编》,上海书画出版社 2019 年版。

《斯托姆小说集》，商务印书馆 1939 年版。

宋红岗：《孙越崎》，花山文艺出版社 1997 年版。

孙孟英编著：《影记沪上 1843—1949 招贴画》，生活·读书·新知三联书店 2018 年版。

孙毓修：《欧美小说丛谈》，商务印书馆 1926 年版。

滕固：《欧特曼先生小传》，《国风》1934 年第 4 卷第 8 期。

田寿昌、宗白华、郭沫若：《三叶集》，安徽教育出版社 2000 年版。

王艾村：《殷夫年谱》，上海人民出版社 2010 年版。

王立诚：《美国文化渗透与近代中国教育——沪江大学的历史》，复旦大学出版社 2001 年版。

王泉根编著：《民国儿童文学文论辑评》（上），希望出版社 2016 年版。

［德］卫德耿：《春醒》，汤元吉译，商务印书馆 1928 年版。

［德］卫礼贤：《中国的自由战争》，魏以新译，《德文月刊》第 2 卷第 4 期。

［德］卫礼贤：《中国心灵》，王宇洁、罗敏、朱晋平译，国际文化出版公司 1998 年版。

卫茂平：《〈今古奇观〉在德国》，《寻根》2008 年第 3 期。

卫茂平：《德语文学汉译史考辨：晚清和民国时期》，上海外语教育出版社 2021 年版。

翁智远、屠听泉主编：《同济大学史 第 1 卷 1907—1949》，同济大学出版社 2007 年版。

吴宓：《述学：德国大批评家兼戏剧家：雷兴诞生二百年纪念》，《学衡》1929 年第 68 期。

《吴研人全集·第九卷》，北方文艺出版社 1998 年版。

武汉大学校友总会编：《武大校友通讯 2007 年 第二辑》，武汉大学出版社 2007 年版。

校闻：《中学部教务长欧特曼先生追悼会纪事》，《国立同济大学旬刊》1934 年第 17 期。

谢本书、李江主编：《近代昆明城市史》，云南大学出版社 1997 年版。

徐若楠：《中西经典的会通：卫礼贤翻译思想研究》，上海译文出版社 2018 年版。

杨东援主编：《同济大学志 1907—2000》，同济大学出版社 2002 年版。

姚可崑：《我与冯至》，广西教育出版社 1994 年版。

余祥森编：《德意志文学史》，商务印书馆 1933 年版。

《俞平伯全集》第 3 卷，花山文艺出版社 1997 年版。

湛晓白：《拼写方言：民国时期汉字拉丁化运动与国语运动之离合》，《学术月刊》2016 年第 11 期。

张寄谦主编：《中德关系史研究论集》，北京大学出版社 2011 年版。

张人凤编：《张元济与中国近现代图书馆事业》，上海科学技术文献出版社 2014 年版。

张恬:《冯至全集》第三卷, 河北教育出版社 1999 年版。

张之洞:《劝学篇》, 上海书店出版社 2002 年版。

赵家璧主编:《中国新文学大系 第 10 集 史料索引》, 上海良友复兴图书印刷公司 1936 年版。

赵敏恒:《外人在华新闻事业》, 王海等译, 暨南大学出版社 2011 年版。

郑锦怀:《林语堂学术年谱》, 厦门大学出版社 2018 年版。

郑振铎:《文学大纲》, 广西师范大学出版社 2008 年版。

郑振铎:《文学大纲·十九世纪的德国文学》,《小说月报》1926 年第 17 卷第 9 号。

仲民:《读了马君武译的〈威廉·退尔〉以后》,《泰东月刊》1928 年第 1 卷第 5 期。

周迪平:《追念欧特曼先生》,《中德学志》1944 年第 1—2 期。

《周作人散文全集 1 1898—1917》, 广西师范大学出版社 2009 年版。

朱大章:《携妻抱女流离日:冯至与同济共患难的岁月》,《档案春秋》2015 年第 9 期。

[新加坡]卓南生:《中国近代报业发展史 1815—1874》, 中国社会科学出版社 2015 年版。

## 外文文献

Bericht des Verbandes für den Fernen Osten E. V. über das Geschäftsjahr 1924 ", in: *Ostasiatische Rundschau*, 6:4, April 1925.

Hebbel, Friedrich: *Maria Magdalene*. Hamburg: Hoffmann und Campe, 1844.

Müller, Hartmut, *Franz Kafka: Leben, Werk, Wirkung*. Berlin: ECON Taschenbuch Verlag, 1985.

Pu, Sung-ling: *Umgang mit Chrysanthemen*. Übersetzt von Gottfried Rösel. Zürich: Waage, 1987.

Shen, Fu: *Sechs Aufzeichnungen über ein unstetes Leben*. Hrsg. und übers. von Rainer Schwarz, Leipzig: Reclam, 1989.

Steen, Andreas: *Deutsch-chinesische Beziehungen 1911—1927: Vom Kolonialismus zur „Gleichberechtigung". Eine Quellensammlung*. Berlin: Oldenbourg Wissenschaftsverlag, 2006.

Wahrig, Gerhard und Barbara Kaltz: *Deutsches Wörterbuch*. München: Bertelsmann Lexikon, 2002.

Walravens, Hartmut ( Hrsg. ): *Der Fuchs in Kultur, Religion und Folklore Zentral- und Ostasiens Teil II*. Wiesbaden: Otto Harrassowitz, 2002.

Wilhelm, Hellmut, "Wilhelm Othmer zum Gedächtnis",《中德学志》1944 年第 1—2 期。

# 后 记

　　本书是近几年研究近代德文报刊课题的部分所得。2020 年席卷全球的疫情暴发之后，在国内外穷尽资料已成奢望。疫情此起彼伏，大学封闭管理，各地大学图书馆难以接近；国际航班锐减，笔者只能尽力搜罗资料，以求资料的完整。

　　如果说史料的搜集大受干扰，惹人心绪烦乱，那么整理和研究工作可以说是其乐无穷。笔者常因阅读《德文月刊》，得到意料之外的发现而喜出望外。这份刊物原本为德语教学刊物，但由于刊登了大量文学文化作品，完全突破了创刊时的自我定位。对创刊主编欧特曼，笔者致以崇高的敬意，他作为外国人对中国文化了如指掌，对中国学子一片赤诚，而他与中国学术界，以及他与同辈汉学家的交往，仍有待于我们发掘。冯至作为复刊主编，笔者佩服他在创作和研究之时，也承担着师者角色。

　　本书兼顾学术性和资料性，部分史料，如《欧特曼教授哀思录》，择其精华，放于附录；本书另专附《德文月刊》汉德翻译文学作品目录。本书引文的标点符号，除照录的文字之外，据现今规定进行了调整，引文原文为繁体，如无特别说明，均采用简体字。另，本书部分文字已见刊，还请识者见谅。

　　本书出版受到国家社科基金和广东外语外贸大学的资助，也受到学界友人支持。中山大学李爱丽副教授给予了大力帮助，学生雷惠婷和白晶施以援手，在国外研习时，帮助搜集资料，我的学生们还提供了技术支持，笔者在此一并表示诚挚的感谢。

卢铭君

2022 年 5 月 28 日

责任编辑：贺　畅
封面设计：王欢欢

**图书在版编目（CIP）数据**

启蒙、趣味和民族：《德文月刊》研究／卢铭君著 . —北京：
　人民出版社，2023.9
ISBN 978 - 7 - 01 - 025757 - 0

I.①启⋯　II.①卢⋯　III.①德文 – 语言学 – 期刊 –
　研究 – 中国 – 近代　IV.① H33–55

中国国家版本馆 CIP 数据核字（2023）第 104379 号

启蒙、趣味和民族——《德文月刊》研究

QIMENG QUWEI HE MINZU DEWENYUEKAN YANJIU

卢铭君　著

人 民 出 版 社 出版发行
（100706　北京市东城区隆福寺街 99 号）

北京九州迅驰传媒文化有限公司印刷　新华书店经销

2023 年 9 月第 1 版　2023 年 9 月北京第 1 次印刷
开本：880 毫米×1230 毫米 1/32　印张：6.625
字数：150 千字

ISBN 978 - 7 - 01 - 025757 - 0　　定价：63.00 元

邮购地址 100706　北京市东城区隆福寺街 99 号
人民东方图书销售中心　电话（010）65250042　65289539